U0840418

新闻发布 实务手册

上海市人民政府新闻办公室 编

上海人民出版社

目录 CONTENTS

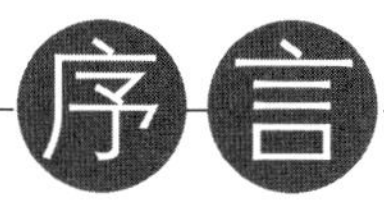

序言

新闻发布工作要迎着困难上

当前，世界处于百年未遇之大变局，我国进入实现第二个百年奋斗目标新征程，信息技术日新月异与纷繁复杂的舆论场并行，发布信息并有效引导舆论是我国党和政府的一项基本工作。进入21世纪以来，中国政务新闻发布和发言人制度也已经日臻成熟，并成为国家治理体系和治理能力现代化的重要体现。政务新闻发布已经成为党政新闻与信息发布的权威渠道，新闻发言人也成为高光亮点。

1998年，我担任中共中央对外宣传办公室主任和国务院新闻办公室主任。就在那时，国务院新闻办公室正在积极推动新闻办自身、国务院部委、省级政府三个层次的新闻发布工作，由广泛选拔、培训新闻发言人着手，进一步健全完善新闻发言人制度。

上海是全国最早建立新闻发布制度、设立新闻发言人的省市之一，并在制度建设、机制完善、新闻发布的数量与质量、突发事件处置与舆论引导、政务新媒体发布等方面，一直保持着积极先行。上海市政府新闻办公室编著的《新闻发布实务手册》是他们二十多年实践创新和理论探索的宝贵成果。

新闻发布对内沟通公众，形成透明政府，对外说明中国国情，解疑释惑，建设有利于我国的国际舆论环境，是现代国家责任政府的一项绝不可或缺的功能。随着我国在世界的影响力日益增强，在国际事务中扮演的角色越来越重要，在解决世界共同问题中的贡献度越来越突出，越来越多的外国记者和公众希望了解中国，获取中国的信息。这也成为新闻发言人和新闻发布工作的面对世界的新使命和新担当。

打铁还需自身硬。我曾经用三句话来概括新闻发言人专业素养：政治成熟，立场正确，勇于负责；内知国情，外知世界，兼修文化；讲究逻辑，有理有节，善待记者。现在看来，随着新闻发布现场时而出现的问答挑战、尖锐对话，一言既出瞬间传递全球。新闻发言人还必须对心理素质、专业技能、表达方式等方面，进行“现代化”再造，全方位建设和提升专业理论、专业素养、专业能力、专业水平，只有这样，才能立场坚定、事实清晰、逻辑自洽、以理服人，只有这样，才能既“理直气壮”又“刚柔相济”。

众所周知，新闻发布不仅是发言人个人职责，更是一项政务制度。新闻发布工作良性运作、发挥成效的背后，是一整套系统的制度和机制体系，一系列科学规范的要求和标准。随着世情、国情、社情、民情的不断变化，特别是世界格局、舆论生态、媒介形态的不断衍化，新闻发布和新闻发言人面临的新情况、新问题、新挑战也不断呈现，媒体和公众对新闻发布质量的期盼和要求也越来越高。在此情况下，新闻发布制度如何适应新形势、及时革新，也成为我近些年一直关注和思虑所在。

多年来我国出版了多部有关新闻发言人素养和案例的图书，但是专门着重政务新闻发布具体运作的专著少之又少，这本《新闻发布实务手册》补上了这项空白。

本书在提纲挈领、高屋建瓴地梳理我国新闻发布与新闻发言人制度的基础上，更注重从新闻发布的实务出发，对最权威、最主流的省市级政务新闻发布会进行了分析和介绍，从前期策划、准备、组织、会务、现场把控等全过程都进行了要点式的解读。俗话说，外行看热闹，内行看门道。本手册的编写者对我说，他们的经验没有保留地都报告给了广大读者，还盼望能回馈批评意见。

各类新闻发布活动都是新闻发布和发言人制度的产品，在各级党政部门的日常工作中，新闻发布已经成为一种例行。每逢重大政策、重大活动、重大事件，都要举行新闻发布会，向媒体和公众发布相关信息，这已经是党政部门新闻执政的制度构成。新闻发布不仅依靠发言人的基本功，更重要的是要遵循和展示符合时代要求的发布制度的功能。新闻发布工作从来都是要迎着困难上，新闻发言人及其团队要冲得上、扛得住、打得赢；迅速介入、准确发布、持续更新，及时将事实、党政部门的立场态度以及处置措施等告诉公众，赢得突发事件舆论引导的主导权、定义权、话语权。为做到这些，统一领导，分级负责；快报事实，慎报原因；依法处置，求实为本；把握主动，密切协同；以人为本，尊重公众……话语出口字字珠玑，其中突发事件新闻发布的经验尤其值得参考和讨论。

近年来，我也常听到一些对新闻发布工作的评议，认为有时新闻发布会多是说好话、套话，有的领导在新闻发布会上只是“秀”事先拟好的稿子，但对社会的难点、痛点、敏感点等问题，较少触及，甚至对记者问题，答非所问，刻意回避。这样做，不仅减弱了新闻发布工作的效果，也削弱了公众对新闻发布的认可度，最终降低了党和政府的公信力。

地方政府新闻办公室基于多年本地政务舆情、重要社会关切、社会敏感问题处置与引导的实践，本着公开透明、及时回应、实事求是、依法处置、人文关怀的原则，采取切实有效的措施积极进行回应。在上海提及新闻发布工作，就会想到颇有名气的“上海发布”。线上新媒体平台和线下传统媒体的融合运作是上海新闻发布工作的特色之一。本书除了介绍政务微博、政务微信公众号等平台，也对近年来短视频政务发布、一系列新手段在政务新媒体发布中的应用等，进行了详细的介绍，这些内容也会让新老新闻发言人都获益匪浅。

新闻发布和新闻发言人作为国际通行的制度设计，从新闻传播、公共关系、政治传播等诸多规律出发，在代表本地党政部门对内进行信息发布、回应关切、提高透明度、增强公信力的同时，还需要发挥平台和载体作用，让新闻发布平台肩负起向世界展示中国理念、中国精神和中国经验的新使命和新责任。

我期望全国各省区市的新闻发布工作都能有更高站位、更多责任、更强担当，以中国鲜活的故事、生动的案例，为打造中国特色的战略传播体系，为国家提高国际传播影响力、中华文化感召力、中国形象亲和力、中国话语说服力、国际舆论引导力持续做出新的贡献。

衷心祝愿全国的新闻发布工作在新征程中行稳致远。

赵启正

第一章 新闻发布与新闻发言人制度概述

我国新闻发布与新闻发言人制度历经几十年发展，已经成为我国政治制度的重要组成部分。新闻发布的理念日益深入人心，新闻发布的形式日趋丰富、多元，新闻发言人队伍不断壮大、水平不断提高，新闻发布工作不断规范、成熟。可以说，新闻发布与新闻发言人制度在国家治理体系与治理能力现代化格局中的地位日益彰显。

一、新闻发布概述

(一) 新闻发布的内涵

本书涉及的新闻发布是指党和政府及相关部门作为主体，通过特定媒介向公众发布信息、解读政策、回应社会关切的活动。新闻发布制度是从制度层面上确立的有关新闻发布的理念、规则与实践行为方式。在新闻发布活动中，党政部门一方面可以向媒体和社会公众传达事实信息,另一方面也可以表明党和政府的立场、态度。

(二)新闻发布的意义

新闻发布是党和政府与公众进行沟通的重要途径,是公众获得政务信息的重要渠道,新闻发布工作的成效事关公众对党和政府的理解与支持,直接影响到党和政府的形象与公信力。

新闻发布有助于持续推进党和政府的政务公开。2016 年 2 月,中共中央办公厅、国务院办公厅印发了《关于全面推进政务公开工作的意见》。《意见》强调,公开透明是法治政府的基本特征。全面推进政务公开,让权力在阳光下运行,对于发展社会主义民主政治、提升国家治理能力,增强政府公信力、执行力,保障人民群众知情权、参与权、表达权、监督权具有重要意义。

新闻发布是新闻舆论工作的重要一环,对国家、社会发展有着重要的影响和意义。2018 年 2 月,中共中央出台文件,就加强和改进党的新闻舆论工作明确指出,新闻舆论工作是一项重要工作,做好新闻舆论工作,营造良好舆论环境,是治国理政、定国安邦的大事,事关旗帜和道路,事关贯彻落实党的理论和路线方针政策,事关顺利推进党和国家各项事业,事关全党全国各族人民凝聚力和向心力,事关党和国家前途命运。

(三)新闻发布的特征

我国党政部门的新闻发布具有权威性、公开性、规范性、互动性等典型特征,这些特征在党政部门发布信息、解读政策、回应社会关切的过程中都有集中的体现。

○ **权威性**。党政部门发布的信息会被公众视为权威信息，党政部门新闻发布的平台会被公众视为权威平台，党政部门对政务信息和有关政策的发布和解读也会被公众视为权威发布和权威解读。

○ **公开性**。我国党政部门的新闻发布工作是在政务公开方针政策的指导下全面推进的，坚持公开、透明的基本原则。新闻发布工作基于公开的媒介平台，公开发表事实信息，公开回应社会舆论关切，并与媒体和公众保持公开的互动关系。

○ **规范性**。我国新闻发布工作是在相关制度建立和完善的基础上逐步发展成熟的。中央和国家有关部门出台了大量指导意见和规范性文件，各级、各地党政部门也针对本地、本部门确立了相应的新闻发布工作机制，不断推进新闻发布工作的规范发展。

○ **互动性**。我国党政部门在新闻发布工作中，越来越重视与媒体和公众的沟通与互动。沟通与互动是加深理解、增强互信、达成共识的重要基础。在新闻发布的诸多形式中，都会有互动环节，特别是基于新媒体平台的新闻发布，公众可以直接与信息发布主体进行线上互动。

二、新闻发言人的内涵及主要工作

（一）新闻发言人的三重含义

“新闻发言人”具有三重含义：既是承担新闻发布发言人工作

的个人，也是一个团队，更是一种机制和制度。

〇 新闻发言人是一个个体。新闻发言人是党政部门经过正式程序任命的专职或兼职新闻发布人员，经授权为党政部门代言，承担新闻发布工作，与媒体和公众进行沟通。新闻发言人是一种“制度人”，其言行代表了党和政府及相关部门的形象，不应使用“我个人认为”之类的用语；但在符合口径的前提下，可发挥个人风格，展现个性魅力。

〇 新闻发言人是一个团队。新闻发言人团队专门负责筹备、组织、实施新闻发布工作，接受新闻媒体的采访和质询，经过授权通过多种形式向公众发布信息。

〇 新闻发言人也是一种机制和制度。新闻发言人是政务信息公开制度。党和政府通过新闻发言人向媒体并通过媒体向公众解读相关政策，通报某个事件的真实情况，就某个事件或问题阐明党和政府所持的立场、采取的措施，并回答媒体的提问，以保障党和政府与社会公众之间的良好沟通。

（二）新闻发言人的团队构成

新闻发布工作是由新闻发言人及其团队共同承担的一项工作。围绕新闻发布工作，应该建立一个分工明确、通力协作、规范高效的团队。如果相关部门的新闻发布工作比较简单，与媒体联系不多，工作人员有限，可以指定有关人员兼职完成新闻发布工作。那些社会关注事项较多的部门，则有必要安排专职的新闻发言人团队或设立固定机构，使其制度化、专业化、规范化。

新闻发言人团队主要由以下人员构成：

○ 新闻发言人。新闻发言人是新闻发布会的主体，代表党政部门发布信息、回答媒体提问、担任新闻发布会的主持人等，同时负责团队日常的运作和管理等工作。如果机构规模较大、任务较多，可配备多位新闻发言人，分别负责某一领域的新闻发布。

○ 新闻发布活动组织、策划、实施人员。协助新闻发言人准备发布稿、问答要点、背景素材、发布口径等，沟通并协调相关部门进行会务安排、会场布置等。

○ 记者接待、媒体联络人员。与媒体记者建立长期联系，为他们提供信息沟通、采访接待服务等。

○ 舆情收集研判人员。涉及信息搜集、舆情分析、多语种的网络信息研判，也可外包给专业团队。

上述岗位可根据团队人员构成情况，或专职或兼职，灵活设置。最重要的是，必须建立一个职责明确、流程规范，但又具有灵活性、能够迅速作出反应的团队。

（三）新闻发言人的工作职责

新闻发言人团队的工作职责有三方面：一是在日常运行的新闻发布工作中承担新闻发言人的角色，主动面对媒体和公众进行信息发布、政策解读、热点回应等；二是与媒体和社会公众保持良好的沟通，敏锐把握社会舆论的发展变化，处理好与媒体、公众的关系，为本部门树立良好的社会形象；三是出现与本地、本部门相关的突发事件时，妥善安排合适的发言人，积极与媒体和公众进行沟通，回应社会关切。具体的工作主要包括：

○ 了解、参与本部门的重点工作，特别是容易引起媒体关注、公众关切的相关工作，在相关信息发布中有的放矢。

○ 研究新闻发布工作的阶段性重点。结合总体工作安排，制定新闻发布计划，统筹安排重要信息的发布。

○ 制订与统一新闻口径。建立新闻口径库，对相关新闻事件或中外记者关注的问题，确定规范的应答内容，并及时进行更新调整，以随时应对中外媒体询问。

○ 制订媒体服务和新闻应对方案。确保在发生突发事件时，及时发布信息，提出新闻处置方案或建议，包括拟定口径、拟订新闻稿、确定通过何种方式何种渠道对外公布消息、是否召开新闻发布会等。同时，认真做好中外媒体的服务工作。

○ 根据授权，通过召开新闻发布会或接受媒体采访等形式发布信息。

○ 进行舆情监测，搜集有关新闻报道和网络舆情，及时分析研判，并对新闻发布提出对策建议。

○ 管理本部门的官方网站，维护本部门的官方新媒体账号，采用多种形式进行新闻发布。

○ 做好新闻发布的保障工作。在新闻发布活动现场，做好会务准备，协调出席人员，做好媒体服务。

○ 及时评估发布效果。每次新闻发布活动后，应追踪中外媒体的报道情况和社会舆论动向，评估发布效果。如有与事实不符并造成不良影响的报道、或社会公众存在明显误解等情况，应及时通过新闻发布渠道澄清事实，以正视听。

〇 新闻发言人团队的岗位培训。为全面推进新闻发布制度的发展完善、促进新闻发布工作的顺利开展、不断提升新闻发布水平，新闻发言人团队需要报请或安排对相关党政部门的主要领导、工作人员，以及团队的新入职人员进行系统培训。

新闻发言人团队的具体工作要根据新闻发布活动涉及的社会问题、舆论特点、媒体和公众的诉求等进行适当调整，做到有的放矢、灵活高效。

（四）新闻发言人的工作机制

新闻发言人工作应体现专业化、规范化的要求，包括组织机构、人员配备、财力支持、考核评估等，都要有相应的制度保障。主要包括以下三方面要求。

〇 **专业专人**。发言人应经过正式程序任免，设置专门机构或明确专人负责。相关人员必须经过规范的业务培训，具有相应的专业素养。

〇 **流程规范**。有一套务实高效的操作规范和流程，无论是常规的信息发布还是突发事件应对，都能有条不紊地进行。以下几方面的工作应以文件、规章等形式明确：

- 舆情收集研判及预警规范
- 重要信息通报核实规范
- 信息发布规范
- 突发事件应急响应规范
- 新闻媒体服务规范

○ **进入核心**。新闻发言人必须进入知情圈、决策圈、行动圈，全面了解信息，准确把握口径。能够与相应的党政部门主要负责同志保持密切的工作联系，能够直接沟通。突发事件发生后，新闻发言人要参与突发事件处置，及时到达现场开展工作。

(五) 新闻发言人的团队建设

提高新闻发布工作水平的关键在于不断加强新闻发言人的队伍建设。各级党政领导干部特别是主要负责同志要不断提高舆论引导能力，重视加强新闻发言人队伍建设，定期组织专业培训，提升信息发布、政策解读、舆情处置的素养和水平。具体举措主要有四个方面。

○ **规范新闻发言人选拔机制**。各级党政部门要选拔具有较高政治素质和政策理论水平、熟悉了解相关工作业务、掌握新闻传播和媒体运作规律、具有较强沟通表达能力的同志担任新闻发言人。新闻发言人要报主管部门备案。

○ **保障新闻发言人开展工作**。新闻发言人应由党政部门主要负责同志直接领导，要充实各级新闻发言人团队力量，加强和完善新闻发言人机构、人员、经费保障。要保障新闻发言人正常开展工作，确保其列席重要会议、阅读重要文件、参与重大事件处置，及时了解全面情况，获取第一手资料，掌握重要信息。新闻发言人可以就开展新闻发布活动的时机、内容、形式和人选等，向相关部门主要负责同志提出建议。

○ **加强新闻发言人队伍培训**。各级党政部门新闻发言人要积极参加上级新闻发布工作主管部门组织的专业培训。相关党政部门要建立岗位实训平台，为新闻发言人及其团队提供轮岗实训机会，提高实际工作能力。

○ **做好与媒体沟通**。各级党政部门要拓宽媒体采访渠道，主动提供信息服务。新闻发布会等信息发布和政策解读活动，原则上应对所有具有合法采访资格的境内外媒体开放。各级党政部门要向社会公布新闻发言人名单和新闻发布机构联系方式，对记者的问询电话、邮件和传真，要在24小时内予以回复。有条件的要建立24小时电话值班制度，及时回答记者问询。

三、新闻发布的主要形式

一般来说，新闻发布主要有以下7种形式：

○ 举行新闻发布会。

○ 召开新闻通气会、新闻吹风会或记者见面会。

○ 接受记者采访或组织、安排记者采访。

○ 发布新闻公告、声明、谈话。

○ 通过电话、传真和电子邮件等答复记者问询。

○ 通过官方网站发布信息。

○ 通过政务新媒体发布信息。

不同的新闻发布形式在发布的正式性、灵活性、公开性和操作性等方面各有不同。只有灵活运用新闻发布的各种形式，才能获得理想的发布效果。新闻发布团队不仅要细心甄别和考虑各种发布形式的适用范围和实际操作效果,还要在新闻发布前根据即将发布信息的特点和舆论焦点、记者需求等,选择合适的发布形式。

各种新闻发布主要形式的相关特点、适用情况,如下表:

新闻发布形式	定　义	特　点	适 用 范 围
举行新闻发布会	党和政府的新闻发布部门举行的介绍党和政府立场、观点、态度及有关方针、政策、措施等信息的新闻发布活动	形式正式,权威性高,公开面广,互动性强,便于与媒体一对多、面对面双向交流	发布主题重要、内容丰富、对记者具备足够吸引力。特别适用重大事项、重大活动新闻发布,重要政策、法律法规解读,重特大突发事件信息发布等
召开新闻通气会/吹风会/记者见面会	发布内容更多侧重政策解读、背景介绍或线索提示	灵活性较高,易于与媒体互动、沟通	一些重大政策、法律法规出台前后的深度解读等。一些涉及重要民生关切、社会敏感性问题等事项的媒体沟通
约请记者采访	通过主动约见(或应邀约见)、安排一家或多家媒体采访发布信息	灵活机动、时效性好,体现主动性,可以有选择地接触媒体,交流互动更加充分	发布主题具有较强的现场感,适合媒体进行实地采访
发布新闻公告、声明(书面发布)	由党和政府授权的新闻发布部门郑重宣布某项新闻事实,或者就某些事件或问题向社会表明本部门、本单位的立场、态度、观点等	正式、严肃,采用书面语和官方用语	发布内容的重要性和影响性需要达到相当的高度
书面/电话答复记者问询	政府与媒体沟通中经常采用的一种简便、高效、沟通性强的新闻发布方式。书面答复通常有传真、电子邮件两种主要形式	及时、简便、灵活,需要快速回应	当一些重特大突发事件和社会热点、焦点新闻发生时,或记者需要立即求证某些重要信息的时候

（续表）

新闻发布形式	定　义	特　点	适用范围
官方网站发布	党和政府新闻发布部门在官方网站发布重要消息、文件、档案、报告和其他信息，上传新闻发布会的多媒体记录等	即时发布、滚动发布，便于媒体和公众主动搜索获取	适用政策、法律法规类的全文发布以及信息解读，新闻发布会图文实录等
微博、微信、短视频平台等政务新媒体发布	党和政府新闻发布部门利用新平台、新技术，通过微博、微信、短视频平台等发布信息	集信息发布与公共服务功能于一体，具有覆盖广泛、传播迅速、交互便捷、亲民化、可视化等特点	适用于发布各类政务与服务信息。尤其适用于突发事件、社会关切的信息发布与回应，表明党政部门态度，稳定民心，快速进行舆论引导

（一）举行新闻发布会

举行新闻发布会是发布信息的一种重要形式，具有权威性高、公开面广、互动性强的特点，是新闻发布部门举行的向媒体介绍党和政府立场、观点、态度和有关方针、政策、措施等的新闻发布活动，是回应社会关切的一种重要形式。一般来说，新闻发布会应对所有具有采访资质的媒体开放，也可通过广播、电视和网络进行直播。

新闻发布会的准备工作相对复杂，发布要求较高。只有当发布内容足够重要且丰富、对记者具备足够吸引力的时候，才适合举行新闻发布会。

（二）召开新闻通气会、吹风会或见面会

召开新闻通气会/吹风会/见面会与召开新闻发布会有较大区

别。新闻通气会/吹风会一般是向媒体介绍相关政务信息的背景情况，提供新闻报道的素材或者相关新闻线索，并在与媒体交流互动的基础上，对媒体提出建议。

与发布会相比，因为通气会、吹风会或见面会的形式相对宽松，容易营造良好的沟通氛围，可以请新闻单位的一线记者参加，也可以请新闻单位的相关负责人参加，邀请的范围一般小于发布会。

新闻通气会/吹风会是一种相对柔性的新闻发布方式，它给予媒体采访报道较大的选择空间，可以发挥媒体在新闻报道策划上的专业优势，有时能够使相关报道的辐射面更广、可接受性更强、影响更为持久。新闻通气会、吹风会或见面会也可以作为党政部门就有关问题了解民意、探察社会反应的一种方式。

（三）约请记者采访

党政官员邀请或接受记者采访，也是让媒体了解政务信息的主要渠道之一。根据不同媒体的特点，主动约请媒体记者采访，或者接受多家媒体记者采访，可以有针对性地进行信息传播。如果相关媒体与信源方有充分、深入的交流，往往会愿意采用深度报道等方式传播信息。

在接受记者集体采访时，承担发布任务的官员要注意自身的工作角色，切记是代表党政部门而不是个人提供信息，严禁相关官员在接受采访时表达与所代表的部门不一致的观点。同新闻发布会相比，记者集体采访的气氛相对轻松，答问也可以详尽些；由于媒体范围比新闻发布会小，记者也有更多提问机会。

单独采访是记者更愿意采取的采访形式，因为可以获得更多独家新闻。有时可以把两种形式结合起来，先安排集体采访，结束后再安排媒体专访。需要注意的是，遇到突发事件和重大敏感热点新闻时，最好安排两家或两家以上的媒体同时采访，避免单个媒体报道不全面或偏颇。

（四）发布新闻公告、声明

向媒体提供新闻公告、声明的形式发布信息，是一种采用书面方式的正式新闻发布形式，是指由党和政府授权的新闻发布部门郑重宣布某项新闻事实，或者就某些事件或问题向社会表明本部门、本单位的立场、态度、观点等。其特点在于信息准确、表达严谨。比如党和国家相关部门很多重要公告就是以通讯社发布电讯稿的方式向社会公布。公告、声明及答记者问等形式的书面发布在正式发表之前一定要慎重，经审定后，选择合适的媒体播发。

新闻公告、声明可以通过报刊登载，也可以通过广播、电视、通讯社等播发。

（五）书面、电话答复记者问询

书面、电话答复记者问询是政府与媒体沟通中经常采用的方式。相较于发布新闻公告、声明，书面答复记者问询是“反向”操作，前者由党政部门向媒体提供新闻稿，后者则一般是由媒体先向党政部门提出问题，再由其进行解答。相较于面对面的采访，书面答复记者问询严肃性更强，媒体的主动性也更高。书面答复记者问询所记载的材料正式、规范，可作为存档资料长久保存，为以后的工作提供查询和借鉴。目前传真和电子邮件是书面答复记者问询的两种主要形式。

电话答复记者问询虽然严肃性不如书面答复，但它的沟通效率更高。党政部门和新闻媒体可以在第一时间进行有针对性的交流。在接受记者电话问询时，发布者要事先了解相关问题，做好准备，积极谨慎。在接受电话问询时要做到言简意赅、条理清晰。对于临时电话采访可婉拒，也可另约时间安排正式采访。

遇到重大突发事件和社会热点、焦点新闻发生，或记者需要立即求证某些重要信息时，利用电话、传真和电子邮件答复记者问询的发布方式灵活便捷，特别可为那些需要异地采访的记者提供方便。

（六）官方网站发布

通过官方网站进行信息发布具有传播速度快、信息量大、检索和下载便捷等特点，受到记者和公众欢迎。因此，在日常工作中，党政部门的官方网站要加强维护，要将官方网站打造成权威、准确、便捷的信息平台。对于各类党政信息，应依照公众关注情况梳理、整合成相关专题，以数据、图表、音频、视频等方式展现，使信息传播更加可视、可读、可感，进一步增强官方网站的吸引力、亲和力。

（七）政务新媒体发布

近年来，微信、微博、短视频等新媒体发布平台兴起，受众面广泛。日常新闻发布工作中，党政部门应积极运用新媒体平台，权威、及时、准确地发布相关信息。特别是在应对处置突发事件时，应当按照“快报事实，慎报原因”的原则，第一时间正面回应，充分利用新媒体平台传播范围广、速度快、互动性强的特点，展现党和政府主动沟通、有效处置的姿态，有利于稳定民心，争取公众的理解和支持，引导舆论。

通过政务新媒体发布信息时，要确保信源权威、编辑准确、发布高效，充分尊重新媒体的传播规律，积极稳妥做好发布和回应工作。同时，要健全完善政务新媒体发布的管理办法，规范信息发布程序及公众提问、评论答复程序，确保政务微信、微博、短视频等发布内容安全可靠。

第二章 新闻发布会的策划与组织

召开新闻发布会是指各级党政部门任命或指定的专职或兼职新闻发布人员,在一定时间内就重大决策、政策、事件、活动等,召集记者,发布有关新闻或阐述观点和立场,并回答记者提问。

新闻发布会是发布人与媒体记者面对面沟通交流的重要发布形式,互动性、权威性强,具有其他新闻发布形式难以替代的优势。

一、新闻发布会的主要类型

新闻发布会的主要类型可以从出席人员、时间安排和组织机制等方面进行划分。

(一) 按是否配备主持人划分

配备主持人,主持人和发布者都在发布台上就座,由主持人介绍情况，发布者进行主发布，之后请记者提问并回答。专题类、事件类新闻发布会通常采用此形式。此种形式的新闻发布会，也称为“搭台发布”。

不设主持人，不设座席而改为立式发布台，发布者自己上台发布新闻，并回答记者提问。外交部、商务部、国防部新闻发布会常见这种形式。此种形式的新闻发布会，也称为“自主发布”。

（二）按发布时间是否固定划分

固定发布时间的例行新闻发布会，即由党政部门的新闻发言人定期将重要决策、决定及工作安排等及时向社会发布，并就媒体和公众关心的问题进行解答。

不定期的新闻发布会，主要是为配合党政部门有关重要决策措施出台，或在发生重特大突发事件时介绍情况，以及澄清不实信息、回应社会热点等情形下择机召开。

（三）按发布主题是否明确划分

无主题发布。发布会无明确主题，通常由发言人出面定时、定点举行新闻发布会，发布主题一般不作限定，发布内容广泛，记者提问不受限制。

主题发布或专题发布。发布会有明确主题，通常由各级党政部门新闻办公室定期或不定期邀请不同部门的有关负责人或新闻发言人进行新闻发布，发布内容集中于确定的主题范围，原则上主要回答记者围绕发布主题的提问。

（四）按发布场地线上线下划分

通常而言，新闻发布会在新闻发布厅、新闻中心或相关场所举行，向具有采访资质的媒体开放，发布人与参加发布会的记者同处一个空间，能够进行面对面交流和互动。但在一些特殊场合下，如新闻发布人或新闻记者不能到达发布现场，发布人可借助网络信息技术远程在线进行发布，记者也可远程在线进行提问。

因此，从这个角度来看，新闻发布会也可以划分为线下和线上两种（特殊情形下，也会出现线下线上融合的形式）。线下发布会指发布人与记者同处一个空间，线上新闻发布会指发布人与记者处于不同空间，借助网络信息技术进行远程交流互动。相较线下新闻发布会，线上新闻发布会对技术支持团队的要求更高。

二、新闻发布会的前期准备

（一）新闻发布会的选题策划

举办一次新闻发布会，首先需要设定恰当的主题。发布选题可分为两类：

一类是本部门、本地区的重点工作，包括即将或刚刚推出的重要政策措施，与市民百姓关系密切的重要决定、政策的执行情况等。

一类是针对社会关注的热点问题作出回应，阐明党和政府的态度、措施等。

选题策划应注意两方面：

好的策划。一个好的策划应尽量兼顾党政部门的阶段性工作重点和信息发布需求、公众关心的社会热点及媒体关注的舆论焦点三方面因素。

好的主题。新闻发布会的主题要简洁，有新闻价值，不能单纯罗列工作、展现政绩。

一般来说，新闻发布会的发布主题可以从三个角度进行策划和选择。一是发布方想说的内容，如党政部门的重点工作、重要政策措施等；二是新闻媒体感兴趣的、具有新闻价值的内容；三是市民关注的内容，如重要民生、舆论焦点等。新闻发布会的主题要符合上述要求，寻求三者之间的有机结合，三者之间交集和同心圆越大，发布会主题的意义越大。

（二）信息发布前的舆情研判

新闻发布活动前，需要围绕新闻发布主题，收集、会商、研判舆情，特别是重特大突发事件发生后，涉事责任单位更要做好舆情监测和研判，提出信息发布建议和方案。需要根据新闻发布方式，对新闻发布场地布置、发布材料拟订等进行准备，以保证新闻发布的效果。

相关舆情的收集和研判是新闻发布会准备工作的重要环节。社会公众关切的重点是什么、境内外记者关心什么等，新闻发布会的主办者、发布者都要有所了解。

发布会前的舆情收集、研判等工作，可以从线上和线下两个渠道进行准备。在线上舆情方面，要尽可能覆盖不同网络媒体、平台；

在线下社情方面，要统筹各类政务服务热线等渠道，对市民意见进行整合。

对于国内外舆情，包括社情民意的跟踪、分析、研判，是新闻发言人日常的必做功课。信息收集、舆情监测、内部沟通、媒体互动、部门联动、事件传播的预估等，都是舆情研判的组成部分。加强舆情跟踪和分析研究，是新闻发布会准备工作的一个重要环节。

（三）口径单和相关素材准备

1. 口径单

口径单是新闻发布会的必备材料，是围绕发布会主题、事件等不同方面口径的集合，是新闻发言人“底气”的由来。所谓口径，即对媒体可能在发布会上问及的问题做预估性的回答。口径的拟定可以从如下几个方面进行准备：一是在内容方面，要以事实为依据，以科学为指导，以法律为准绳，以政策为底线；二是在篇幅方面，口径不能太长，也不能太短，一般500～800字；三是在严谨性方面，要言简意赅、字斟句酌，并经主管部门或上级审核批准。

从适用场景上看，记者在发布会上的提问可分为围绕发布主题的提问和其他热点问题提问两类，与此相适应，口径的准备也可以分为针对性口径和拓展性口径。对于围绕发布主题的针对性提问，口径准备要尽可能周全。对于其他热点问题的储备性口径准备，要靠平时分析研究、不断积累。从这个角度看，各党政部门在日常工作中，需要重视口径库的建设工作。

从操作性上看，拟定口径，特别是针对敏感问题的口径，有四条通用原则：第一时间，信源准确，信息全面，应答简洁。平时要做一些预测问题口径的准备工作，建立口径库，并随时更新补充，标注最新更新的时间节点。对于一些敏感问题还需要征询不同部门的意见，请分管领导审定，以确保口径的准确性和权威性。

从参与主体上看，口径拟定过程还会涉及不同的主体。在口径的草拟方面，往往由发布方、事件处置方、业务部门等负责；在口径的法律审核方面，需要由法律专家进行修改，做到内容合法合规；在口径的修改方面，需要由传播、公关等专家进行润色，力求简洁、通俗易懂；在口径的审批签发方面，需要由上级部门或分管领导从政治全局等高度进行最终把关。

另外，应牢记“口径一致”的原则，这是取信于民的关键。不管是事件处置者还是新闻发布者，或者是党政部门负责人，以及与事件有关并可能接触媒体的人，必须做到口径一致，尤其是关键事实、基础数据等不能自相矛盾，否则会引发次生舆情危机。

2. 新闻发布稿

新闻发布稿，有时也称新闻发布辞，是新闻发布会上发布方围绕发布主题向媒体公布的情况说明，如客观事实、最新进展、处置措施、权威解读、官方态度等。新闻发布稿常用于发布会的开始阶段，待主持人交代清发布会主题、介绍完发布人后，发布人即可以根据发布稿内容进行发布。当然，也有少数发布会，发布人不宣讲发布稿，直接与记者进行答问交流。

新闻发布稿有别于工作报告，应行文简洁、数据详实、表述准确，尽量避免使用专业术语、缩写、不加解释的表述，规避空话套话。

新闻发布稿由发布方根据发布主题、事件进行起草，发布会组织方也可参与讨论修改。在篇幅上，发布稿一般不超过 2000 字，即发布时间不超过 10 分钟。

新闻发布稿需要经过严格审核。

3. 新闻素材稿

新闻素材稿是新闻发布会上向媒体提供的，根据媒体需要并以新闻报道方式撰写的书面稿，可被媒体直接引用或整体发表。新闻素材稿通常根据新闻发布稿拟定，或者说是扩展的新闻发布稿，内容篇幅一般超出新闻发布稿。

与新闻发布稿一样，新闻素材稿也需要严格审核。如果该场新闻发布会需做中外文翻译，相关新闻发布稿或素材稿也应事先翻译。

4. 新闻发布会海报、图解、音视频、二维码等其他材料

发布会海报。近年来，为提升发布会关注度，扩大影响力，发布主体多会创意设计预告海报，在社交媒体等平台进行预热。发布会海报突出强调新闻发布会的主题、时间、发布人等核心信息，同时运用图片、色彩等视觉符号与语言，形象化传递发布会相关信息，契合新媒体时代的传播特征，扩大线上和线下的传播效果。

图解。在快阅读时代，图片相较文字吸引力更强。在政策解读、统计类数据公布等信息发布时，发布方最好提前准备图解，对政策法规的重点、亮点、关键数据等进行图表、图解等视觉化表达，让

新闻发布更形象、直观、易懂。

音视频。在一些重大主题、重大工程、突发事件的新闻发布中，发布方往往掌握一些媒体采集不到的音视频材料，将这些材料提供给媒体，不仅有利于媒体呈现全面事实，也有利于引导舆论良性发展。材料可以通过光盘、U 盘、网盘等方式提供。

二维码。考虑到二维码等信息技术的普及应用，还可以将发布会的相关内容生成二维码，方便记者通过扫描二维码获取新闻素材稿、发布会图文实录和直播内容，以及发布主题相关图片、音视频素材等内容。

三、新闻发布会的会务准备

（一）确定时间，邀请记者

突发事件的新闻发布要在第一时间占领舆论制高点，非突发事件的例行新闻发布也需要注意发布会举行的时间。

新闻发布会的时间选择，可以参考如下几个因素进行确定。一是查看党和国家、相关党政部门的日程，尽量避开可以预见的重要政治事件、社会事件、计划内的重大活动等，以免影响新闻发布的效果。二是尊重新闻媒体的生产规律。尽管新闻媒体已经全面融媒体化，但广播、电视、报纸等依然有着严格的时间节点，新闻发布会应尽量配合媒体的截稿时间。三是遵循公众信息获取和意见表达的新变化和新特征。需要注意的是，重特大突发事件、重大社会关切和敏感问题的信息发布，要充分顺应移动互联网时代信息传播规律，充分发挥政务新媒体的特点，第一时间发布，快速引导舆论走向。

新闻发布会的日期和时间确定后，就要通过各种方式进行预告，如相关党政部门的官方网站、政务新媒体、媒体记者工作群等。

除了公开预告，还要根据发布主题进一步确定重点媒体和记者的邀请。大型媒体的记者通常按不同条线从事采访报道。比如举行一次关于突发公共卫生事件的新闻发布会，就应邀请各媒体负责卫生领域条线的记者。中央媒体和外省市媒体、境外媒体，由于其驻站记者人数一般较少，邀请则不受条线限制，也可事先由该媒体确定固定的参加发布会记者。

邀请记者的通知方式可以电话、短信、电子邮件，也可以通过微信等社交平台工具，但必须做好确认回复工作。

（二）新闻发布的场地安排

新闻发布会的地点选择，应确保交通便捷，方便各方工作。

一般来说，例行新闻发布会的地点要相对固定，有专门的新闻发布厅，面积适中，满足常规发布要求；专题新闻发布会则可以选取不同地点。如发布会主题是有关教育的，可以选取教育场所作为发布会地点。提供专业技术设施设备保障，便于参加发布会的记者进行相关的延伸采访和拍摄。

由于对环境、声音效果等条件有较高要求，新闻发布会多在室内举行，应某个特定主题的需要，如一些重大活动或少数突发事件的新闻发布会，可在活动或事件现场举行。

（三）新闻发布场地的设施

新闻发布厅应提供以下设施和设备：

○ 发布台，高出地面；发布长桌及若干座椅，一般 4～8 个座椅；

○ 有线话筒，每位发布人（含主持人）1 个（若采用立式发布台，配 1～2 个有线话筒）。无线话筒 2～4 个，供记者提问使用。

○ 背景板或电子背景板，体现发布会主题和形象。

○ 一米线，在发布台和记者席之间设置，辟出记者工作区域。记者席配座椅。

○ 照明和音响系统，符合直播、转播需求。音频分配器，供记者录音。

○ 摄像区，供摄影、摄像记者拍摄。直播台，一般在发布台后方区域设置，用于图文和音视频直播。若干电源插座和接线板，方便记者席记者、摄影摄像记者、直播转播记者工作需要。网络（包括无线网络）配置及其他网络技术设施。

○ 记者签到台，在发布厅记者入口通道外设置。茶歇区，视个别发布会需要，在发布厅外合适区域设置。

○ 候场区，提供发布人（含主持人）会前、会后交流、休息使用。特别需要注意将候场区与记者签到台、茶歇区分开设置，发布人（主持人）入场和记者入场分不同通道。

○ 在发布厅两边的过道处划定部分区域，以备记者座席无法满足需求时补充使用。

○ 其他需求，如同传设备等。

（四）新闻发布场地的布置

新闻发布场地的设计布置，首先要考虑主席台（发布台）及其后面的背景板。

主席台（发布台）的布置要简洁大方。台上所有人，包括主持人、发布者、翻译等，都应摆放席卡。席卡上可直接标注其姓名，也可以根据情况标注其单位等，或两者均标注。主席台（发布台）与记者席应保持一定距离，具体长度以会场大小而定，但应在 3 米以上。可以在主席台（发布台）上放置小时钟，便于掌握发布会时间。如放置电脑、瓶装水，应去除或遮盖商标。

主席台（发布台）后面的背景板（或电子背景屏）也非常重要，它不仅影响到现场的美观和氛围，更决定了新闻图片、电视画面呈现的整体效果。背景板上的文字和图案要突出主题，切忌过于复杂或花哨。

新闻发布厅的人员进出应尽量遵循发布者和媒体记者分离通道的原则，即双方各自使用不同的出入口。记者在遇到发布者时可能会出于各种目的进行拦截采访，造成发布会无法按时召开，或者影响发布会举行。避免双方人员交叉，能对新闻发布会顺利运行起到良好的保障作用。

如果发布会提供同声传译服务，则需要为同传翻译提供工作区域。可以在主席台(发布台)两侧搭建。如果在后方搭建,则必须避免对摄影摄像平台造成影响。工作间的正面需用玻璃结构,以保证同传翻译对主席台(发布台)上所有人的目视观察;工作间大小则视发布会提供同传服务的规模而定。

四、新闻发布会的现场管理

(一) 主持人(发言人)注意事项

掌控局面。新闻发布会的主持人(通常由新闻发言人担当,有时发布者与主持人为同一人)应始终掌握主动权,引导、控制好发布会的节奏。对于新闻发布厅内的会场动态,主持人一定要时刻关注,在掌控新闻发布会局面的过程中,必须注意保持与记者的沟通。有时,眼神交流也能起到控制局面的作用。

穿针引线。在新闻发布会的过程中,主持人与发布者的互动也很关键。主持人应当反应敏捷、思维活跃,关键时刻及时提醒或者引导发布者;如遇到发布者讲话跑题、发言超时等明显影响发布效果的情况,主持人可以用传递纸条的方式提醒发布者,或者见缝插针用恰当的语言进行提醒,并让发布者获得自我纠正的机会。为做好准备,主持人需要全程参与发布活动的策划和筹备。在发布会结束后,也可以与发布者一起进行现场小结,视情商讨是否有失误、是否需要采取相应补救措施等。

平等待人。主持人一定要以平等的态度对待每一位记者,不能给人居高临下的感觉。遇到挑衅性问题，主持人不能被激怒，回答问题要目视提问者。碰到有对抗情绪的记者，有时候微笑是最好的化解方法。不管遇到什么问题，主持人要始终充满自信，不卑不亢，心态平和。

配合默契。主持人要保持与发布团队的良好互动，通过实战演练等手段，让团队成员能够迅速看懂、听懂、处置主持人做出的各种指令。默契配合能够确保主持人第一时间掌握全局，有效处置突发状况。

（二）与发布者和记者的沟通

一场成功的新闻发布会需要参与各方通力配合，主持人、发布团队、发布者、媒体记者等相关方的良好沟通必不可少。

发布会组织者与发布者的沟通目标是回应媒体提问，特别是回应媒体可能提出的尖锐问题。如果发布者平时与媒体打交道的机会不多，应对媒体经验不足，主持人需要及时补台。主持人既可补充回答记者提问，又可提醒记者注意提问的方式和范围，还可以建议记者将某个问题放到会后作进一步交流。发布会组织者与记者的沟通更为重要。在发布会正式开始前，工作人员须提醒记者将手机关闭或调至静音状态等注意事项；在提问环节，主持人也可讲明一些规则要点，比如提问前请举手示意、提问时请用无线话筒、提问者需讲明自己的供职媒体、每位记者限提几个问题等。

（三）发布会流程与时间控制

一般来说，新闻发布会流程至少包含四个步骤：

○ 主持人介绍新闻发布人。

○ 发布者发布信息。

○ 回答记者提问。

○ 宣布发布会结束。

从时间控制上看，除了特别重要新闻发布会，一般不超过一小时。发布与问答两个主要环节的时间比例适当掌握，尽量留出时间供记者提问。比如，上海市政府新闻办公室在新闻发布会相关基本操作规程中就明确了，发布时间与问答时间的分配，将更多的时间留给记者提问是比较受欢迎的做法。

为控制时间，主持人在介绍发布会议程时可对发布会的时间长度作出明示，这样才能在宣布发布会结束时避免误解。在发布会结束之前，主持人也可以重申，“由于时间关系，现在回答最后1个或2个问题”。

从流程掌控上看，包括互动把控、问题引导和氛围营造。

○ 互动把控：一是在新闻发布会进程中引导记者提问，避免出现冷场；二是把握好细节，包括合理分配记者提问的数量和时间，并兼顾记者位置的远近、男女性别的比例，以及国内记者与国外记者、本市记者与外省市记者之间的平衡。

○ 问题引导：警惕提问过程中的问题陷阱。新闻发布会上记者会提出比较尖锐甚至有挑战性的问题，主持人应协助作为回答方的新闻发布者沉着应对、坦诚回答。

◯ 氛围营造：为了新闻发布会以良好氛围开场，以满意效果结束，新闻发言人和发布会主持人要善于洞察、把握局面，始终保持心态平和。

（四）发布会结束后追问环节的处理

当主持人宣布“本场新闻发布会到此结束，谢谢各位记者朋友的参与”后，一些记者有时会到发布台前向尚未离席的新闻发布者（或新闻发言人）提问。

随着发布机构的媒体服务意识不断提升，现在的发布会组织者更多将其看成是常规采访行为，或是发布会的延伸，采取灵活的处理方式。“追问环节”处理的首要原则是尊重受访者意愿。如果受访者此时愿意接受采访，组织者一般不予干涉，维持现场秩序即可；如需较长时间采访，可协助提供场地，让双方单独交流；如被追问者不愿意接受采访，或没有时间接受现场采访，组织者需协助其离场，同时与记者做好沟通解释工作，比如告知记者“如有问题可留下联系方式，另行安排采访”或请记者将问题留下，后续请相关部门做出回应，争取记者的理解。

（五）新闻发布会中的应急处置

1. 技术故障

技术系统出现故障，新闻发布团队应立即联系技术人员，对相关故障设备进行处理。一般情况下，启用备用设备和检修原有设备同时进行。如果两种方式都无法短时间内解决问题，则需要更改新闻发布会的时间或地点；也可视情况将新闻发布会的方式改为书面发布或集体采访。无论遇到哪类故障，必须确保发布会组织工作安全、有序。

2. 记者引导

新闻发布会是记者聚集的场合，记者由于工作需求和分工不同，可能会对新闻发布厅内的资源（位置、摄像台等）有特殊需求，新闻发布团队应事先做好记者的引导工作，将记者引入恰当的座位，或在记者入场后、新闻发布会正式开始前，简要提醒记者注意遵守发布会规则和秩序。

3. 突发事件

新闻发布会上也有可能发生突发事件。比如有人在会场突然散发不当材料、将不当标语等带入会场、在会场实施抗议行为或提出与本场发布会无关的问题等。

对于此类突发情况，应急处置应遵循以下基本原则：

○ 快速处置。突发事件发生后，要立即启动处置程序，以免事态扩大、影响新闻发布会进程。

○ 适度包容。对于尚不危及主办方根本利益的行为，应适度包容。比如记者提出与本场发布会无关的问题，可简单原则回应。

○ 处置平和。发布会的组织者不是执法者，对记者的不当行为应该劝解、说服，多做沟通，切忌简单粗暴的工作方式，防止因处理不当引发次生事件。

○ 技术干预。一些重要主题的新闻发布会，在不同平台同步直播时，可通过技术手段进行延时处理。

（六）新闻发布会的成效评估

根据新闻发布会的实施过程，可以在不同阶段对发布会进行评估，并依据评估反馈不断提升新闻发布的效果。

1. 发布会结束后评估

在发布活动结束后，可通过收集媒体报道、网络检索等方式对该场新闻发布活动相关报道进行整理，编辑成报道汇编存档。在收集过程中如发现报道中出现问题，例如报道量偏少或偏差较大等情况，要及时向新闻发布方进行反馈，以便快速做出回应，或在下一次发布中加以注意。如出现报道失实等情况，也要及时与相关媒体沟通，进行更正。

在进行媒体报道内容评估时，要注意量与质的平衡。媒体报道多，不一定是好事（例如出现大量与新闻发布者期望差距较大的报道等）；另一方面，媒体报道少，说明新闻发布的主题、内容等方面存在需要改进的方面。新闻发布活动的目的就是要通过媒体进行广泛报道，如果媒体反应冷淡，说明没有达到预期效果，应该及时采取补救措施。

2. 全过程动态评估

在一些重大主题、突发事件或社会敏感事件的新闻发布过程中，新闻发布方或组织方可安排专门的力量进行全过程、动态评估。具体可以从新闻发布活动的主题选择、时机安排、策划准备、发言人现场表现、图文直播、视频直播、翻译质量、境内外媒体报道、网络与社交媒体的反应情况等方面，进行全面评估。与此同时，还要根据每天舆情的实时变化，做出研判，提出下一步的发布与回应建议。

新闻发布会评估，既可以由新闻发布方或新闻发布组织方实施评估，也可以邀请第三方专业机构进行评估。

五、新闻发布会工作准备与验收清单

为了操作有序便捷，在发布会前可制定图表或验收清单，把发布会所涉及各个环节的要点罗列出来，以便随时进行过程检查与核实验收。下表系参考模板，内容可根据实际需要增删。

市政府新闻发布会筹备流程单

序号	时间	工 作 内 容	具 体 事 项	完成请√
1	前期	请示	上报方案	
		发邀请函	给出席单位发邀请函	
		内容准备	发布稿	
			素材稿	
			热点话题	
			敏感问题	
			主持词	
2	发布会前1～2天	会务准备	制作海报	
			安排速记(图文直播)、音视频直播(电视台、网络平台)，检查、确保现场技术及内容安全	

（续表）

序号	时间	工作内容	具体事项	完成请√
2	发布会前4～5天	会务准备	安排手语翻译	
			通知发布厅会务时间、制作席卡、准备话筒、水杯（矿泉水）、纸笔，确保不出现品牌标识	
		采访通知	通知相关媒体	
			传真至中外媒体	
			官网预告，短信推送记者（如发布会时间特殊，当天再群呼提醒一次）	
			通知境外媒体	
		车号	收集车号，反馈发布厅	
		记者名单	记者签到表	
3	发布会当天	素材稿	打印装订	
			制作取稿电子码	

思考题一：为什么要举办主题系列发布会？如何策划主题系列发布会？

答：

主题系列发布会是指党政宣传部门在一段时间内，围绕某个重大主题，组织邀请各有关部门（单位），连续集中召开多场新闻发布会，从不同侧面、全景式总结和展示市委、市政府一段时期以来的工作成果、政策举措等集合发布形式，尤其是一些大政方针落地实施数年后，较为适宜举办主题系列新闻发布会。

主题系列发布会具有发布主体涉及面广、内容丰富、角度多元、持续时间长、传播影响力大等特点，能引导主流媒体在一段时期内聚焦某一主题，开展较为充分的集中式报道，营造良好的主题宣传氛围和持续的社会关注度。主题系列发布会尤其适用于成果回顾、系统总结、愿景展望等重大主题内容的新闻发布，也适用于重要节点、重大会议、重要活动等新闻发布。近年来，中共中央宣传部、国务院新闻办、国家部委、各省市均举行过相关系列新闻发布会。

策划主题系列发布会首先要结合宣传目标和主旨，设定一个总领全局的主题。主题应语义明确，语言精练，可以是单个关键词或多个词组，也可以是句子；或点明所回顾的时间段，或亮出核心主旨，或指出目标方向。如“中国这十年”“建党百年”“奋进新征程建功新时代”等。

主题明确后，即可厘清所涉及的部门（单位），通过多场发布会从各自领域围绕这一主题进行阐释。系列发布会是相对重要的、有分量的新闻发布会，其发布人规格也要相应提高，通常邀请相关部门（单位）一把手或主要负责同志出席。

在时间安排上，系列发布会通常持续时间较长，少则一个月，多则三个月左右，甚至超过半年。成果回顾类的一般安排在重要节点之前，贯彻落实类的可以在重要会议或政策文件出台之后。为获得较好的传播效果，一般两场发布会之间应留出2～5天的时间间隔，便于前一场发布会的充分传播，下一场发布会又不会因间隔时间过长影响整体连贯性。此外，为形成一定传播标识度，发布会相关海报、题花等建议统一设计要素。

比如，2022年是党的二十大召开的重要年份，中宣部以“中国这十年”为主题，召开系列新闻发布会，介绍十年来，在以习近平同志为核心的党中央坚强领导下，党和国家事业取得的历史性成就和变革。从当年4月到9月，陆续邀请全国人大常委会、中纪委、中组部、中央政法委、国家发改委、科技部、工信部、公安部、财政部、交通运输部、农业农村部、商务部、人民银行、海关总署、国税总局、市场监管总局等几十个部门，从经济发展、生态文明、科技创新、财税改革、金融开放、信息化发展、商贸流通、乡村振兴、交通建设、从严治党等领域，全面展现十年来各项事业的建设发展成果。

又如，2023年，为贯彻落实党的二十大精神和十二届上海市委三次全会精神，推动高质量发展生动局面，上海市政府新闻办联合全市16个区，于7月初至10月底策划举行“高质量发展在申城”主题系列市政府新闻发布会，首次将市政府新闻发布会开进16个区，邀请各区区委书记、区长出席，介绍各区推动经济社会高质量发展工作实践和创新举措，并在各区组织集体采访活动。中外媒体高度关注，800家(次)境内外媒体近1000人次记者参加发布会和采访活动，推出大量报道和新媒体产品，充分展现各区高质量发展探索成效。

附表

“高质量发展在申城”主题系列市政府新闻发布会安排表

(按发布会召开时间排序)

序号	行政区	发布会主题	发布会地点
1	浦东新区	奋进引领区　书写新答卷	区办公中心
2	徐汇区	加快城市更新　推动高质量发展	国际传媒港
3	松江区	强化策源功能　共育科创生态	区融媒体中心
4	崇明区	高标准推进世界级生态岛建设	合兴乡村振兴示范园
5	黄浦区	功能新高峰　品质新标杆	区政务服务中心
6	杨浦区	人民城市新实践　创新发展再出发	杨浦滨江郎朗音乐中心
7	嘉定区	争当高质量发展标杆　打造上海新城样板	区综合办公大厅
8	长宁区	聚力“最虹桥”　深耕“数字化”	大虹桥营商服务中心
9	青浦区	建设战略赋能区　打造数创新高地	长三角一体示范区 上海金融产业园

（续表）

序号	行政区	发布会主题	发布会地点
10	闵行区	立足“一南一北”　打造创新开放发展新高地	“大零号湾”科创大厦
11	虹口区	上海北外滩　都市新标杆	雷士德工学院旧址
12	静安区	国际静安　卓越城区——打造中国式现代化的城区样本	苏河湾中心
13	奉贤区	美丽宜居的活力之区　令人向往的未来之城	区博物馆
14	普陀区	打响中华武数　绘就半马苏河	区委党校
15	金山区	转型新发展　塑造新形象	区会议中心
16	宝山区	勇担新使命　奋进“北转型”	区政府

案例1：上海高质量发展系列发布会策划组织

2019年，为庆祝中华人民共和国成立七十周年，结合中央交给上海的三项新的重大任务，营造推动高质量发展的舆论氛围，上海市政府新闻办于7月至10月举行“推动高质量发展”系列新闻发布会，展示上海经济社会发展最新成就。

围绕“推动高质量发展”这一主题，系列发布会精选二十多个选题，共举行22场发布会。内容涵盖上海自贸试验区临港新片区、科创中心建设、长三角一体化发展、第二届进口博览会、航运中心建设、城市精细化管理、养老托幼服务、智慧公安、医疗健康、乡村振兴、生态环境等多方面，兼顾经济发展和民生领域成果，全方位、多层面展现上海各领域高质量发展的新变化。

同时，在时间安排上力求突出新闻性和时效性，紧紧围绕市委、市政府相应时期最新出台的政策和举措，如《中国（上海）自由贸易试验区临港新片区总体方案》《上海市新一轮服务业扩大开放若干措施》《健康上海行动（2019—2030）》等，及时召开新闻发布会，进行权威解读，既受市民和企业关注，又贴合媒体报道需求。

在发布人方面，突出权威性。本系列首场新闻发布会由时任上海市市长应勇同志出席。据统计，该系列发布会市领导出席达10

人次，部门“一把手”达 19 人次，充分体现主要负责人是发布重要信息、解读重大政策的“第一发言人”。

为进一步充实和丰富报道内容，该系列发布会还采用了现场发布与实地采访相结合的方式，为媒体提供生动案例和详实数据。比如，实地探营社区垃圾分类工作、组织赴临港新片区进行采访等。

案例 2:“十四五”规划系列发布会策划组织

2021 年是“十四五”开局之年,上海陆续推出“十四五”专项规划。为做好宣传解读,上海市政府新闻办策划了以“奋进‘十四五’启航新征程”为主题的上海“十四五”规划系列新闻发布会。

6 月到 9 月期间,根据各项规划出台情况,陆续邀请相关市领导和部门主要负责同志发布并解读规划目标、任务、指标和重大工程项目等,展示上海在新百年起点上,全面深化“五个中心”建设、加快建设具有世界影响力的社会主义现代化国际大都市的新征程。

发布内容上,根据《上海市“十四五”市级专项规划编制清单》,聚焦未来五年,选取经济建设、社会事业、公共卫生、民生保障、城市建设和文化发展等重点领域召开了 16 场发布会。如:经济金融领域,《上海国际金融中心建设“十四五”规划》《上海市先进制造业“十四五”规划》《上海建设具有全球影响力的科技创新中心“十四五”规划》《虹桥国际开放枢纽中央商务区“十四五”规划》;交通航运方面,《上海市综合交通发展“十四五”规划》《上海市国际航运中心建设“十四五”规划》;民生保障领域,《上海市卫生健康发展“十四五”规划》《上海市就业和社会保障“十四五”规划》《上海市妇女儿童发展“十四五”规划》;社会事业领域,《上海市“一江一河”发展“十四五”

规划》《上海市民政事业发展“十四五”规划》《上海市全面推进城市数字化转型“十四五”规划》；文体旅方面，《上海市深化世界著名旅游城市建设“十四五”规划》《上海市社会主义国际文化大都市建设“十四五”规划》《上海市体育发展“十四五”规划》等政策举措，加强解读，释放积极信号，有力引导舆论。受到各媒体关注，形成信息聚集效应，同时也受到网民的普遍关注和讨论。

在《规划》解读时，一方面注重对指标的解读和未来重点项目的介绍，同时提前向媒体征集记者感兴趣的问题，通过问答互动形式进一步延伸，进行深入介绍，回应媒体关注。

为了扩大新媒体传播，上海市政府新闻办官方微博、微信“上海发布”均在发布会当天，以“图解＋热点问答”的形式，呈现“十四五”系列发布会核心、亮点内容，与网民形成较好互动。

思考题二：策划组织党委新闻发布会有哪些特殊要求？

答：

根据中宣部有关要求，上海于2011年建立党委新闻发言人制度，明确设立市委新闻发言人；同时，9个党委部门设立党委新闻发言人。2014年，上海市委办公厅设市委新闻发言人办公室，作为专职机构负责党委新闻发布工作。2021年，上海确立由市委宣传部部长、市委秘书长共同担任市委新闻发言人的制度。

2021年，国家各部委、各省区市持续推进党委主题新闻发布工作。上海在党委新闻发布会策划筹备过程中，始终把握以下三方面要领。

一是突出政治性和引领性。聚焦上海作为党的诞生地这一特殊地位，重点介绍上海如何传承红色基因和初心使命，把习近平总书记的殷殷期望化为善作善成的生动实践。同时，立足百年大党新起点，介绍上海在"十四五"规划开局之年谋定而动的新思路、新举措，传递"展现新气象、创造新奇迹"的信心。

二是突出新闻性和针对性。紧扣中外媒体关心的话题，比如，境外媒体关心上海如何增强市民特别是年轻人对党史的学习兴趣等，举例子、列数据，生动鲜活地阐释如何讲好党的故事。以鲜活的案例为切入点，展示上海用好红色资源，通过搭建平台，吸引、激发年轻人参与热情，创新出灵活多样的学习形式，让初心薪火相传。

三是突出专业性和时效性。发布会的素材准备要扎实、专业，更多从传播的角度考虑。比如，重要场次发布材料提供中英文双语版；提前与主流媒体沟通，指导媒体加强策划、做好新媒体产品的准备，比如海报、长图、短视频、H5 产品等；准备好相应的图片素材，便于现场图文直播及时推送，也利于新媒体推送时形成联动，做好融合报道。

案例3：上海市第十二次党代会新闻发布会策划组织

2021年5月20日，中共上海市委在中共一大纪念馆举行新闻发布会，介绍上海庆祝中国共产党成立一百周年重点活动安排，以及做好建党百年宣传教育、红色文化保护传承等有关情况，市委宣传部、市委组织部、市委统战部、市委党史研究室主要负责人和相关负责人出席并回答记者提问。发布会共吸引58家中外媒体近100名记者参加。此为上海在本地举办的首场党委新闻发布会。

2022年6月22日，上海市政府新闻办策划举行上海市第十二次党代会新闻发布会，市委副书记介绍了党代会的主要议程、筹备工作以及工作报告起草等有关情况。市纪委、市委组织部、市委宣传部、市委统战部主要负责人和相关负责人出席，共同回答记者提问。据统计，30余家媒体约50名记者出席新闻发布会，就“三大任务一大平台”、人民城市建设、党建及大调研、高品质文化体系建设、党风廉政和反腐败、上海统一战线发挥制度优势等6个方面工作进行提问。中央和本市主要媒体当日首发原创报道100余篇，各类网络及新媒体平台转载量累计超过1200篇次，为党代会胜利召开营造了积极良好的舆论氛围。发布会的成功举办，离不开三个“精”：

一是精心筹划。党委新闻发布会的主题通常较为宏大、更为重要，涵盖短则三年、长则十年的工作成绩、重大成果、精彩变化，涉及人民群众生活生产方方面面、与百姓息息相关，受到关注度尤为集中，这就需要以更长的时间、更多的流程、更细的考虑去筹划党委新闻发布会。

以上海市第十二次党代会新闻发布会为例，筹备期持续数月，各发布单位反复沟通、共同谋划，不断完善发布方案，做好各项会前筹备工作，力争做到“紧贴群众关心关切、展现丰硕工作成果、满足媒体报道需求”。党委新闻发布会规格较高，发布人为党委部门主要负责人和相关负责人，层级相应较高，相比政府新闻发布会，发布内容需要符合党委的话语体系。

二是精细演练。一般需要进行事先演练，排练通常在发布会前2～3天，模拟发布会当天的实景实况，预先检测各项筹备任务是否到位，也可以预设一些突发状况，并准备好备用方案或解决办法，尽量找全问题和瑕疵进行及时调整修正。

三是精细服务。党委新闻发布会因其重要影响力，通常受到中外媒体青睐，参与积极性更高，也更有兴趣带着问题前来。如何服务好媒体报名参加新闻发布会、并做好事后报道服务，是一项尤为重要的工作，事关对党委部门的工作成绩和服务人民理念进行客观真实、有效广泛的国际化传播。

在媒体（含境外）邀请和服务环节，发布工作团队特意组建一支小分队，并与外办、外宣等部门衔接，介绍本场发布会的主题和所涉范围，了解媒体感兴趣的内容，做好发布中介桥梁，起到良好的沟通传递作用。

第三章 新闻发言人的素养

做好新闻发布工作，关键要有一支政治强、业务精、能战斗、敢担当的新闻发言人队伍。因此，新闻发言人应在各方面具备一定的素养、能力和技巧。

一、新闻发言人的政治素养

根据新闻发布制度的相关规定和要求，新闻发言人既是党政部门的相关领导干部，也是制度授权的党政部门的代言人，作为党政部门的信源向媒体发布信息。正因为如此，新闻发言人需要具备领导干部必备的政治信念，拥有较高的政治理论水平，并具有较强的政治敏锐性。

（一）政治信念

新闻发布工作往往要面对复杂的舆论形势，这要求新闻发言人具备坚定的政治信念和能力素质。一是要坚持正确政治方向,同党中央保持高度一致,坚持马克思主义新闻观,坚守党和人民立场,坚持中国特色社会主义,做坚定的新闻发言人。二是锤炼较高的政治理论素质,新闻发言人不仅要有正确、坚定的政治信念,还要有很高的政策水平、很强的政策理解与解释能力。唯有如此,才能切实提高政治站位,一方面把贯彻党中央精神体现到谋划重大战略、制定重大政策、部署重大任务、推进重大工作的实践中去,另一方面在面对公众、媒体时要能时刻保持政治意识、大局意识,实事求是,抛开部门、行业利益和私心杂念。唯有如此,才能真正做到心中有党、心中有民、心中有责、心中有戒,减少在压力之下说错话的概率,切实维护党政部门声誉。

(二)理论修养

一切从实际出发,理论联系实际,实事求是,在实践中检验真理和发展真理,是中国共产党的思想路线。领导干部能否在工作中践行这一路线,很大程度上取决于领导干部的理论素养,也就是取决于其是否真正确立了辩证唯物主义和历史唯物主义的世界观。对新闻发言人来说,只有具备扎实的理论素养,才能站在全局的高度,正确分析判断时代特点和历史趋势,分析判断当前所面临的形势和需要解决的主要问题,以开阔的视野和胸怀来看待问题,以改革创新、敢为人先、敢于担当的精神来解决问题,坚定战胜各种困难的勇气和信念。具体到新闻发布工作中,新闻发言人要内知国情、外知世情,要对国家的政策、法律、法规有准确的把握和理解,在选择发布主题、进行舆情研判和回应社会关切问题时,能从大局出发,准确分析判断，清晰生动地传达正确信息。

(三) 敏感敏锐

提高政治敏锐性和政治鉴别力，是领导干部政治能力的重要构成。政治敏锐性，要求对政治问题思想敏感，能够从政治上看问题、想问题。政治鉴别力，要求从政治上分清是非、辨别真假、区分善恶。唯有如此，才能透过表层、现象，从政治上洞察问题和现象的本来面目和本质特征。对新闻发言人来说，常面对复杂和敏感的问题，需要不断提高政治敏锐性和政治鉴别力。在面对纷繁交织的问题和形势时，新闻发言人首先需要把握政治因素，能够透过现象看到本质，才能够作出准确判断，做出快速精准回应。此外，舆论中的敏感议题常常会吸引公众关注，引发讨论和争议。新闻发言人应具有较强的风险意识，能够及时注意到可能成为敏感议题的事态，并针对性地做好准备。同时，新闻发言人应该避免在新闻发布的过程中制造敏感议题。

二、新闻发言人的道德修养

新闻发言人在日常生活和新闻发布活动中，都需要树立良好的道德形象，不可以违背基本的社会伦理道德和社会规范。

(一) 日常生活中的道德形象

新闻发言人在日常生活中，需要注意自身作为公众人物的身份和形象，需要遵守社会伦理道德规范和法律法规。新闻发言人一言一行必须得体，不能随心所欲，信口开河。新闻发言人在日常工作和生活中，需要做到：不泄密，不发布未经所在部门授权的信息，不违背本部门的立场观点；不公开他人的隐私、商业机密或者其他受法律保护的政府信息；不伤害其他个人、企业或者党政部门的声誉；避免内部会议资料和文件外传；不参与任何可能损害本部门形象的活动；不利用部门信息谋取私利。

（二）新闻发布中的道德呈现

在新闻发布活动中，媒体和公众会基于言谈举止来评判新闻发言人及其部门的品格。不恰当的言行常常会被打上不道德的标签，不道德则意味着不被信任。因此，诚实守信是新闻发言人的立身之本，也关系着本部门的社会形象和公信力。新闻发言人有时可以设置一些话题，有时也可以回避一些话题，但任何时候都不能说假话。否则，新闻发布很可能会引发次生舆论危机，进而引发舆论审判和道德审判。这就是“有可以不说的真话，但绝不能说假话”。为此，在新闻发布中应进一步转变观念，不能“捂、堵、封”，而是要“主动积极发声”，最大程度满足公众的知情权。

三、新闻发言人的业务素养

新闻发布工作是一项政治理论与业务实操紧密结合的工作，新闻发言人是党政部门与媒体、公众交流的桥梁和纽带。新闻发言人必须具备坚定的政治信念、必要的理论水平、敏感的政治意识、规范的道德修养，以及与所代表部门与组织相对应的业务素养。唯有如此，才能在新闻发布活动的策划、筹备过程中，在相关信息的收集、研判及口径内容等准备中，在与媒体和公众的沟通中，发挥较好的舆论引导效果。对党政部门专职新闻发言人而言，对本部门主要工作有较高的熟悉度及良好的业务素养，更显重要。

（一）新闻业务素养

新闻发言人需要熟悉新闻发布工作的方方面面，并具备作为一个新闻发言人的基本表达能力。

○ 新闻发言人应对本部门的日常工作、运作机制、相关政策法规、发展方向等各方面情况了如指掌，洞悉自身业务领域的现状和未来趋势，这样才能准确解读政策、解疑释惑、澄清事实。

○ 新闻发言人应对本业务领域最新趋势、研究成果比较熟悉，与本业务领域相关专家、学者等比较熟悉，经常与他们开展专业交流，和他们交朋友，请他们出主意，必要时邀请他们提供支持。

○ 新闻发言人要善于将专业话题用大众化的、通俗易懂的语言表述出来，让公众容易接受，既切实保障公众知情权，又有效维护党政部门形象。

（二）其他业务素养

在针对特定专业领域的议题进行新闻发布时，新闻发言人还需要具备该专业领域的基本知识，必要时，可以邀请专业领域中的专业人士担任发布人。

○ 面对并不十分熟悉的某些专业领域的议题时，新闻发言人需要尽快学习、掌握相关领域的基本专业知识和政策文件，与相关专业领域的专家、学者进行充分交流，以便在新闻发布过程中更好地回应公众关切。

○ 某些领域的相关议题可能涉及非常专业的理论性、技术性知识，不是现有新闻发言人能在短时间内掌握的，这就需要邀请相关专业领域内的专业人士临时担任新闻发言人的角色，临时新闻发言人需要尽快了解新闻发布工作的流程和特点，掌握新闻发言人的基本沟通技巧。

四、新闻发言人的媒介素养

学者常常用“媒介化社会”来形容当前的社会特点。所谓“媒介化社会”就是指大众媒体无时不在、无处不在，全面覆盖人们日常生活的状态。媒体已经不仅仅是人们信息交流的工具，也成为影响人们社会价值观、重构人们日常生活甚至情感世界和意识形态的一种强大力量。媒体的议程设置功能效果显著，媒体大力报道的事情，公众也会觉得重要；而有些重要事项没有经过媒体报道，往往毫无声息。

与各种媒体打交道，是新闻发言人重要的日常工作。因此，熟悉信息传播和媒体运作的基本规律，了解媒体的基本需求，具备一定的媒介素养，是新闻发言人素养的重要方面。无论国内外，许多新闻发言人都有媒体工作经历，这也说明了媒体素养的重要性。

（一）了解媒体发展格局

一般说来，大众媒体主要包括报纸、广播、电视及网络新媒体等媒介形态，不同的媒体有不同的结构、分工和运作特点。主流媒体的界定和内涵也在新的社会历史环境中发生了变化。传统意义上的主流媒体主要指党和政府创办的拥有悠久历史的媒体，以及其他传播主流价值观的媒体。

报纸是最具影响力的印刷媒体，是近现代人类历史上出现的第一种大众媒体。目前我国报纸类型主要有：各级党委机关报，比如中共中央机关报《人民日报》、上海市委机关报《解放日报》；都市类报纸，比如上海《新民晚报》等；财经类报纸，比如《第一财经日报》等；外语报纸，如上海英文报纸《上海日报》（*Shanghai Daily*）。在新媒体时代，报纸已不仅仅以纸质形态呈现，主流报纸积极投身媒体融合发展，仍然具有很大影响力和公信力，特别是在一些争议性议题的新闻报道中，国家级权威党报的报道往往具有一锤定音的效果。

广播具有迅速及时的特点。广播媒体历经百年发展，节目内容和形式都在持续变革，整体发展平稳。汽车产业快速发展，私家车越来越普遍，加之广播收听方便、覆盖面广的特点，在重大事件，特别是地震、洪灾等突发灾害事件发生后，往往能起到其他媒体所不及的传播作用。

电视是一种视听合一的媒介，具有直观性强、瞬时传达等特点，在传播新闻消息、为观众提供娱乐等方面优势明显。电视新闻，特别是权威电视台固定时段播出的电视新闻栏目，公信力高，比如中央电视台的《新闻联播》、上海广播电视台新闻综合频道的《新闻报道》、东方卫视的《东方新闻》等。

进入21世纪以来，网络新媒体异军突起，形态日新月异，影响力与日俱增，人类社会已经步入了5G万物互联的时代。网络新媒体形态多样，从传统的新闻网站到博客、播客，从电脑终端到移动互联，微博、微信、短视频平台、种类繁多的APP等新的媒介形态不断涌现，传播形式不断刷新。

网络信息具有海量、传播迅速、影响面广等特点，以及开放性、参与性、进入门槛低等特征，故而形成“人人都是记者”“人人都有麦克风”“人人都是主播”“人人都是自己的新闻发言人”的格局。媒体格局和舆论生态从传统媒体时代的“多种媒体、一种声音”转变为“多种媒介、多种声音”，试图通过控制媒体渠道消除所有噪音，成为不可能完成的任务。在社交媒体时代，一刀切地“删”“堵”“封”往往会引发次生舆情，新闻发言人需要全面了解这些变化。

（二）知晓新闻传播规律

新闻发布是新闻舆论工作的重要构成，需要尊重新闻传播规律，创新方法手段，切实提高党和政府的新闻舆论传播力、引导力、影响力、公信力。近现代以来，中外新闻传播研究日益繁荣，众多专家学者在新闻传播领域深入探索，发现了诸多有价值的规律。新闻发言人作为新闻传播领域的一线工作者，必须知晓一些基本的新闻传播规律。主要有：

公众心理的“群体一致性”规律。《乌合之众》一书提出，在群体中，人们常常会表现出非理性的情绪和行为特征，而且个体责任也会降到最低。该理论有助于理解和分析人们在群体事件、网络舆情中的心理、道德、行为的变化和特征，有助于解释为何人群、网民容易出现了“轻信”“盲从”“冲动”等特点。

“议程设置”理论。指媒体会通过强调一些议题的重要性或增加一些议题出现的频次来提升这些议题的显著性，进而加深这些议题在公众心目中的印象、提高公众讨论相关议题的频次。

“沉默螺旋”理论。在“孤立恐惧”的心理作用下，公众更愿意支持、加入或表达多数人赞同的观点或意见，而赞同少数人意见的公众会普遍保持沉默。强势的声音会越来越大，沉默的少数越来越不敢发声，从而形成了双螺旋的舆论态势。

“信息茧房”。公众选择接触、接受自己喜欢的、单向度的、非全方位的信息，特别是移动互联网普及后，各类互联网垂直平台及算法技术广泛应用，信息传播个人化、定制化发展，进一步加速了这种趋势。长此以往，受众就将自身包裹在蚕茧一样的“茧房”之中。

当下，信息技术和媒介技术正产生着空前的作用和影响力。人工智能让新闻传播进入智能时代，算法逻辑正重塑人与人、人与媒介的关系，网络新媒体中产生的大数据逐渐成为认识问题、分析问题、解决问题的基础。在这个新时代中，新闻发言人面临着诸多新挑战和新机遇，需要通过持续学习、终身学习来了解、掌握和实践新闻传播的规律。

（三）熟悉媒体报道特点

新闻发布要传达党和政府的声音，媒体报道要遵循新闻客观规律。因此，有必要了解媒体报道的特点，有针对性地在“政府要说的、媒体关注的、公众关心的”三方面寻找聚焦点。

媒体呈现客观现实，但并不是现实世界的一面镜子，不可能把整个世界完完整整、事无巨细、分毫毕现地反映出来。新闻报道是有选择性的，要通过对新闻事实、角度、细节等的选择，满足受众的需求，体现媒体的价值观。因此新闻也可以说是选择的艺术。

媒体选择什么样的新闻事件报道，也有一定规律可循：

○ 新鲜的事实。新闻事件发生与报道时间差距越小，越容易被选择。报纸媒体的新鲜度一般以天来计算；广播、电视则可以7天×24小时不停滚动播放，甚至采用直播；而网络新媒体则具有更高的即时性。

○ 重要的事实。一件事涉及的人越多，造成的影响越大，就越容易被媒体报道，比如重要的时政热点、体育活动等。

○ 显著的事实。显著与重要不同，指的是和著名的人物、机构等相关。

〇 接近性的事实。与媒体的目标受众在地理上、心理上越接近，越容易被报道。比如同样是水污染，上海媒体对周边江浙地区的水污染肯定比对西部地区的水污染更关心。

〇 反常的事实。反常的事实是与社会常态不同的事实。在公众的认知中，习以为常的事实常常难以引发广泛的关注。因此，突发事件，特别是重特大突发事件往往会短时间内吸引社会公众的广泛关注，引爆媒体和舆论。

（四）懂得如何服务媒体

为社会、公众服务是现代政府存在、运行和发展的基本宗旨。新闻发言人是代表党政部门为公众服务的，只有善解媒体、善待媒体，才能高效传播良好的党和政府形象。为此特别要注意避免“高高在上、盛气凌人、我说你听”的工作态度；避免审批繁琐、执行梗阻的官僚主义工作方式；避免脱离群众、脱离实际的官话、套话式表达。

在媒体服务中，以下方面需要重视：

〇 保持通信工具畅通，让有需要的记者尽可能快地找到。

〇 在重要新闻发布活动中，给媒体一份新闻稿，让媒体可以根据需要进行润色和发布。新闻稿一般都采用简短明晰的“倒金字塔”写作方式，也就是说，越重要、越具有新闻价值的内容越要写在最前面。

在全媒体传播环境中，应该提供30个字的概括性信息，可以被报纸、网站用来制作标题；提供简短的摘要，供媒体发微博消息；为视频媒体提供符合电视新闻制作格式的视频素材，长度在90秒到2分钟之间，配有解说词，文稿和分镜头台本。[①]

◯ 尽量满足不同媒体的个性化需求。除了新闻通稿，有些媒体基于受众定位及竞争需要，希望写出更有特色的新闻。可以为有此需求的记者准备更丰富的资料，比如更具体的细节，专业人士的观点，几个不同的采访角度或案例、线索，相关表格、图片、音像素材、新闻背景资料，专家名单和联系方式等。

◯ 不要拒绝或者拖延媒体的采访。如果拒绝媒体采访，媒体也可能在报道中写道“某某部门拒绝对此消息做出回应”“到截稿时为止，还未收到某某部门的回应”等。拒绝媒体采访，他们就会去寻找其他非官方、非权威的新闻源。

如果没有明确口径或者不能接受采访，也要给媒体一个明确合理的答复。如对记者的问题，发言人的确不知道，应坦诚告知，可以同时记下提问者的姓名、电话，承诺待查问清楚再回复或指引他通过什么途径可以得到明确答案。

如果媒体确实报道了不实信息，可以礼貌地打电话向记者指出，同时，当事方有权要求相关媒体删除、更正、道歉，或者刊登后续报道、刊发阐述己方观点的评论等。为了核实媒体和记者的身份，可以登录中国记者网官方网站进行查询。[②]

---

① 史安斌：《危机传播与新闻发布：理论·机制·实务》，清华大学出版社2013年版。

② 中国记者网查询网址为：http://press.nppa.gov.cn/。

五、新闻发言人的沟通能力

（一）沟通能力的基本要求

新闻发言人的主要工作是根据授权，代表党政部门向媒体和公众发布信息，从本质上来讲，新闻发布工作的核心就是传播与沟通，就是将经过内部审核、授权的信息，通过新闻发布活动，传达给媒体和公众，回应社会关切。从这个角度看，沟通能力是新闻发言人的基本要求。

新闻发言人首先要善于和记者沟通。除了在新闻发布会上，平时也要与记者经常联系，自然而然地了解情况、掌握动向。此外，还可以定期召开记者座谈会，采取轻松的形式，让他们敞开心扉地谈，从而了解媒体要求和记者们关心的热点问题，达到充分沟通的目的。

新闻发言人也要善于做好部门内部、上下级部门之间及与其他相关部门的沟通协调工作。新闻发布工作常常需要多部门协作，新闻发言人及其团队需要成为部门之间对接、联动的纽带。及时、有效的部门内部、部门之间的沟通是新闻发布工作顺利开展的重要保障。

新闻发言人的沟通能力也有一些基本原则。首先要有亲和力，善于和各类人群打交道。其次是掌握倾听的艺术。沟通是双向的，善于倾听甚至比会说更重要。倾听的艺术主要包括：表现诚意，抓住信息重点，并能有效控制节奏。最后则要求会说：能够准确、清晰、简洁、得体地表达己方的意图，并能吸引受众。要了解网络上出现的新词、热词，适当使用年轻人喜闻乐见的表达方式。

（二）新闻发布的沟通技巧

资深新闻发言人及研究专家，总结了一些具体的语言表达技巧，不妨参考借鉴。

◯“三简”原则

所谓“三简”原则，即在传递核心信息的过程中，要做到简要、简短、简单，避免套话、空话、行话。复杂是发言人的大敌，记者没有耐心听你的长篇大论。

“简要”即核心信息突出、要点明确，砍掉无关枝节，避免把重要信息湮没在大量无关或模糊的信息当中。一次回答，可以分成三个部分，开头部分是提出前提和主要论点，中间部分是提供一些你掌握但公众还不知道的细节和数据，最后再次重复你的主要论点，让大家加深记忆。

“简短”即用短句子、短段落来表述。除了语言明确之外，也能减少发言人言谈中的漏洞，避免引发不必要的炒作。

“简单”即用普通人的思维来思考你该怎样说话，使用普通百姓的语言，不要用官话和术语。

要在新闻发布过程中做到“三简”，下列情况需要避免：

➢ 答问过分详细。发言人回答过分详细，会影响别的记者提问，也容易失去要点。

➢ 重复记者的提问。有的发言人常说“你提到的问题是……我现在来回答”“这位先生（女士）提的问题很好，我现在来回答你的问题”，等等。这样做浪费时间，没有意义。

➢ 在提到成绩时，广泛地感谢上下级和兄弟部门。新闻发布活动不是表达谢意的适当场合。

➢ 解释多数人知道的基本常识，或阐述普通人难以理解的理论。

➢ 重复文字材料里已有的内容。记者提的问题，如果答案已经在书面材料里，可告诉记者：您的提问已经在会前提供的材料里，我不再重复了。

➢ 避免“嗯”“啊”之类的口头语。

○ 回答敏感问题的技巧

在新闻发布会上，记者常会提出较敏感、具有挑战性的问题。这时，就需要发言人掌握一些答问方法，避免尴尬。

➢ 桥梁法。桥梁法是利用回答某个问题的机会，话锋一转，过渡到自己已准备好的其他问题。比如：

“我想，你问的应该是环境方面的问题。近年来，我们在环境保护方面……”

“我要提醒大家不要忽略……”

“你说的不无道理，但除此之外，我还想补充一点……”

“我们不妨换个角度来看这个问题……”

“你所说的情况目前我还不掌握，但据我所知……”

➢ 旗帜法。通过强调重点，让记者留下深刻印象，从而影响媒体议题。比如：

“下面我要透露给大家的是……”

“我想再强调一下这个问题……”

“我想很多记者朋友都非常关心……”

“我今天谈了许多问题,我想归结起来有以下三点……”

○ 说“不”的技巧

新闻发言人有一条金科玉律——永远不对记者说“无可奉告”,但这并不意味着发言人不能说“不”。

首先,有些问题授权有限,甚至需要保密,不允许发言人向记者提供更多的情况或发表评论。

其次,发言人不可能什么事情都了然于胸。发布会前虽然经过精心准备,但总会有准备不到的问题,特别是有些事件刚刚发生甚至就在发布会前几分钟才发生,发言人上台之前不知道。即使知道了,也不可能马上得到口径。

再次,对一些没有核实的消息不宜急于表态。宁可坦率承认,告诉记者回去收集更多信息后再给出解释,从而显得更加真诚和有耐心。

该说“不”的时候不仅要说“不”,而且还要说好这个“不”。这是发言人的基本功。下面是中国外交部发言人经常使用的一些表达方式,可供参考:

“这个情况我不太清楚,为了给你一个负责任的答复,我愿在了解情况清楚后再回答你。”

“这个问题不属于我回答的范围,但我愿了解后,通过发言人办公室向你作出回答。”

“对这个问题,我们正在研究(或调查)中。”

“我也是刚从媒体/网络上得知此事，还需核实。”

“我目前还没有什么细节可提供。”

“如有这方面的消息，我们会及时发布。”

“我还没有被授权公布有关方面的消息。”

（三）通过媒体讲好故事

一位具有良好媒体素养的新闻发言人，应该擅长把僵硬的、过于理性的文件内容翻译成通俗易懂的话，让受众一下子就记住了，而不是照本宣科，这需要新闻发言人掌握讲故事的技巧。

讲故事是按照传播规律把我们要讲的道理藏在最有效的讲故事的沟通实践中。讲故事不是不讲道理，而是更好地讲道理。在传播方面，我们长期存在的问题是以“出发”为中心，不以“到达”为中心，导致讲述的内容不入耳、不入脑、不入心。新闻发言人在面对媒体和公众的时候，首先要想好要说什么，但更重要的是想好该怎么说。

要讲好故事，有三个方面最重要：人、细节、态度。

○ 人。新闻发言人要由事看到人，确切地说是看到关系，看到它和人们生活、工作之间的关系，将这种关系解读清楚，站在公众的立场上思考问题，做有温度的解读。

○ 细节。新闻发言人与公众进行沟通，一定要强调细节。权威部门要通过细节的解读来形成公信力，细节就是说服力、感染力、吸引力。

○ 态度。新闻发言人要动用情商讲好故事，要敏锐地体察到社会公众的心理和需求，积极承担责任，及时回应社会舆论关切，以此引起社会公众的共鸣。

六、新闻发言人的心理素质

（一）较好的心理承受力

新闻发言人工作要求高、压力大，应具有较高的心理素质。表现在工作中，应当具有自信、坦诚、大度、亲和的人格魅力。

在新闻发布活动中，面对压力，新闻发言人首先要自信，排除杂念、放下包袱来接受媒体挑战。过多担心只会让自己精力分散，造成不必要的疏漏错失。

同时，新闻发言人还应该学会积极地化解压力。记者提出挑战，但并不是发言人的敌人，他们是代表媒体和公众提问。当他们提出挑战性问题时，不要将其视为刁难挑衅，而应将其看作新闻发言人的机会，不被激怒，理智对待，发言人就可能得到媒体尊重，进而获得公众理解。

（二）缓解紧张的心理技巧

为了缓解紧张情绪，有些心理技巧值得注意：

第一，上台前，尽量想办法使自己处于轻松状态。一是心理放松，不要拘谨。二是身体放松。可做几次深呼吸，深呼吸是缓解紧张情绪的办法。三是不要怕说错话。出现口误也很正常，可以马上纠正。

第二，上台后，先稳住神很重要。据研究，头 30 秒表现从容，紧张度会下降 75%。开好头，以后的事情自然会变得顺畅。否则，一上台就慌了神，回答问题就会乱套。第一个问题乱了套，后面的问题就会更糟糕。可以采取以下方法：

➢ 上台后，先发布一条或几条新闻，有助于消除紧张。

➢ 可先来段开场白，以适应一下环境。一上来就回答问题，容易增加紧张情绪，如果遇到刁难性的问题，会更紧张。

➢ 设计一两个问题作为开端提问，可以预先与熟悉的记者沟通，也有助于缓解紧张情绪。这在国际上是常见的。

➢ 和记者、听众做眼神交流。

➢ 运用图片、多媒体等视像辅助，调整新闻发布的节奏。

➢ 适当幽默一下，也有助于放松自己。

➢ 不要希望头几次上台就能脱稿。如果一味追求脱稿，就会去背口径。背诵往往是引发紧张的主要原因之一。一时想不起来脑袋就会出现空白，就会导致慌张失措。边看稿边回答是国际通行规则。

七、新闻发言人的仪表仪态

（一）着装

新闻发言人代表党和政府形象，直接面对大众、面对媒体，着装不能随心所欲，也有特殊要求。

新闻发言人穿着应当简单、得体、端庄、大方，衣着要干净、整洁，头发也要梳理整齐。避免着装夸张、花哨、前卫、奢侈，特别是不应穿着皮草服饰，着装一般不能有显著的品牌标识。

男性新闻发言人一般应着深色西服，佩戴领带，表示庄重、权威，给人大气、可信的感觉。女性发言人一般也应穿职业套装，佩戴饰品尽量简化，妆容要淡雅。为保证镜头效果，尽量穿纯色服装，最好不要穿着有条纹、圆点图案的服饰。

新闻发言人着装应尽量与新闻发布会的主题吻合。主题欢庆时，可着色彩鲜亮一点的衣饰；在危机期间的新闻发布，衣着要素净，不宜穿颜色鲜艳的衣服。

需要强调的是，突发事件新闻发布会属于应急发布，新闻发言人着装应尽可能接近实际工作状态，男性不需要着正装打领带，女性也不强求穿职业套装。可根据季节情况灵活着装，男性新闻发言人可着西装外套，或白色衬衣，女性新闻发言人着装素净得体即可。一些从突发事件处置现场赶来参加发布的新闻发言人，如公安、消防、医疗、安监等部门，发言人也可着制服或工装。

（二）眼神

在发布台上，新闻发言人的眼神要与台下记者交流、沟通，不要一直低头盯着稿子，也不要竖起稿子读。面对摄像机时，要与摄像机镜头交流，使观众觉得你在与他们交流。眼睛要平视台下听众，不能俯视，俯视给人一种居高临下的感觉，也不要直视某一点，应该扫视、虚视台下所有记者。眼神不能游离躲闪、黯淡无光，否则会给人信心不足的感觉。

（三）表情

新闻发言人面部表情不能太丰富、夸张。在常态新闻发布会上，应该时常有微笑，这样能增加亲和力；但在突发事件的新闻发布会中，特别是有人员伤亡、重大财产损失时，新闻发言人要注意控制情绪和表情。

（四）站姿

国际上一般是以站姿发言。以站姿发言时，身体应尽量挺拔，但也不能一动不动，显得僵硬、死板，有以下几种站姿供参考：

放松式：双肩、手臂和手掌完全放松，双手在体侧自然下垂，头部和颈部也要放松。这是一种很好的基本站姿，穿插在手势和肢体动作之间使用可以使发言人显得自信和放松。但是长时间保持这种站姿也会显得发言人比较僵硬、死板。

保守式：两臂肘微微弯曲，双手轻轻握在小腹前（肚脐位置），双肩自然下沉，身体不要前倾或后仰。这种站姿给人感觉态度认真，显得谦虚、专注。

新闻发言人错误的站姿会向受众传递出不友好的信息，这些错误站姿包括：

双手插兜：傲慢、过于自信。

双手叉腰：挑衅、目中无人。

双臂体前交叉：防御、有所顾虑。

双手后背：轻视、有所保留。

（五）坐姿

现在国内许多党政部门发言人还是习惯坐着发言。坐着时，应注意不要显得懒散。不要和台上其他发布人交头接耳。

发言人要把双手和大部分前臂放在桌子上，手掌的位置至少距离桌子边缘20～25厘米，双手缩在桌子的边缘会显得紧张局促。把前臂放在桌子上还能够增加发言人说话时的气势，同时双手还可以配合做手势。

坐下时，后背要保持笔直，抬头挺胸，下巴微收，平视前方，这会使发言人看起来更有热情。但是注意腰部不要过于用力，否则会显得僵硬。

（六）手势

有5种有效使用手势的方式：

手掌五指自然微张是最常见的手势。

在提到数字时使用手指做手势。只使用1～5的数字。

在进行比较的时候使用上下运动的手势。

在说到动词的时候使用相应的描述手势。

在确定日期或者提到时间范围的时候使用左右运动的手势。

新闻发言人点请记者提问时应右手伸直、手掌微向上地伸向记者，而不要单个手指指点记者。

另外，在发布台上不必要的手势不能太多，比如拢头发、摸鼻子，这些小动作在电视镜头、新闻图片上非常显眼。

思考题三：如何将“第一新闻发言人”理念变成制度？

答：

习近平总书记强调，党的新闻舆论工作是治国理政、定国安邦的大事。随着经济社会的高速发展、信息革命日新月异，新闻发布和舆论引导能力已经成为党的执政能力的重要组成部分。早在2016年国家出台《关于全面推进政务公开工作的意见》，明确了“遇重大突发事件、重要社会关切等，政府主要负责人要带头接受媒体采访，表明立场态度，发出权威声音，当好‘第一新闻发言人’”。随着融媒体传播方式迅速发展，当下的互联网舆论环境对党政部门负责人直面媒体、直面公众的能力要求日益增加。主要领导直接参与信息发布与政策解读工作，直面中外媒体提出的各类提问，回应人民群众关切，这种开诚布公的态度，既是责任政府和信息公开的必然要求，也是党政负责同志执政能力的重要体现。特别是在突发事件、网络谣言等舆情处置应对过程中，党政部门主要领导如能主动及时发布信息、回应社会关切，将起到一锤定音进而赢得公众理解的舆论引导作用，并能很好树立具有公信力的党政部门形象。

上海是全国省级政府中最早推出例行新闻发布制度的城市，政务信息发布制度始终秉持开放精神，将新闻发布打造成世界了解中国、了解上海政务信息的一个重要平台和窗口。在上海新闻发布制度与新闻发布工作探索与实践中，市委、市政府高度重视将“第一新闻发言人”理念制度化，形成了一套制度和流程，力推党政部门主要领导站到新闻发布和舆论引导的一线，与部门实体工作双轨并进，形成“做得好也要说得好”的良好局面。

一是夯实制度建设。上海先后编制、修订一系列工作意见、实施办法、应急预案等文件。明确了“4·2·1＋N”新闻发布模式，“4”，就是与宏观经济、民生关系密切和社会关注事项较多的部门，每季度至少举行1次新闻发布会，每年4次；“2”，就是这些部门的负责同志，每半年至少出席市政府新闻发布会1次，每年2次；“1”，就是这些部门的主要负责同志，每年至少出席市政府新闻发布会1次；“N”，就是发生重大社会关切和重大突发事件时随时召开新闻发布会。

二是提升能力建设。实战是最好的练兵，上海强化市领导当好“第一新闻发言人”的理念，持续推进新闻发布工作高质量发展。通过市领导带头发布的制度化推进，强化全市各区、各委办局主要负责人是“信息发布第一责任人”的职责，有效提升了新闻发布权威性。自2008年起，上海市市长每年出席市政府记者招待会、新闻发布会。2015年起，上海市市长、副市长每年至少参加一次市政府新闻发布会。以2023年为例，14位市委、市政府领导（共计22人次）先后出席中宣部（国新办）发布会，国务院政策例行吹风会，以及上海市委、市政府新闻发布会。2023年，以上海市委、市政府名义召开的新闻发布会（通气会）75场，这些发布会（通气会）均是市区两级及各委办局主要负责人直接出席发布的“第一新闻发言人”场次，确保了发布活动全覆盖“第一新闻发言人”。

三是定期培训强化。除了实战演练，上海新闻发布工作还特别重视日常培训工作，已形成了每年定期对全市新闻发言人团队进行培训（含新任上岗培训和专业岗位轮训），并逐步将培训对象覆盖至政府部门和重点国有企事业单位“一把手”、拓展至街镇基层等多层级，真正做到了信息发布和舆论引导专业能力培训班成为“第一新闻发言人”培训班。实践证明，通过每年例行专题培训和实操演练，全市“第一新闻发言人”团队的新闻发布、舆情应对、舆论引导、媒体素养和国际传播等整体专业能力得到了显著提升。

思考题四：如何发挥专家在发布会中的作用？

党政部门举行的新闻发布会，发布人主体相对单一，基本以党政官员为主，话语体系严谨有余、发挥空间较小。需要调动专家学者的专业力量，邀请他们走上发布台，借助专业人士的权威性、专业性表达，进一步提升政策和发布内容的传播效果。

新冠疫情涉及很多公共卫生和临床医学的专业知识，由医学专家和学者来进行解读，既权威，效果也好，市民群众也容易接受。自2020年至2022年，上海市疫情防控新闻发布会多次邀请中国科学院、中国工程院院士，以及公共卫生、医疗救治、心理干预等方面的专家学者，解读新冠预防控制、流行病学调查、临床救治、疫苗研发、个人防护和心理健康等专业知识，佳句频出，达到很好的传播效果。比如，闻玉梅院士不仅以科学家的严谨预测了疫情“拐点”何时到来，还告诉大家：“历史上从来没有一个病毒可以把一个国家的人民打倒！”获网友点赞，有效提振抗疫信心。

2020年，上海发布的《关于完善重大疫情防控体制机制健全公共卫生应急管理体系的若干意见》中，明确指出要加强舆情应对和引导能力建设，重点是健全信息公开制度，构建以政府权威发布为主、有公信力和影响力的公众人物舆论引导为补充的信息发布网络。

基于专家在公众和社会各界的影响力、号召力，邀请合适的专家出席发布会也至关重要。有两点需要注意。

首先，做好提前沟通。在准备发布内容时，可以根据专家身份和发布的议题，多与专家做沟通。在语言风格上，要求言语简洁明练，不讲套话空话，抛开晦涩和专业的话语体系，多说接地气、听得懂、传得开的话。在内容设置上，精心打磨，提前设计一些佳句，有助于更好地传播。比如：疫情防控发布会上，对于常态化防控，反复提醒“早一个小时就诊，就是对防控的最大贡献”等。这些很容易被媒体捕捉，迅速传播开来。

其次，讲合适的话。发布会上，讲什么内容，讲到什么程度，都需要把握好尺度。专家作为特定领域的权威人士，在自身领域有着深刻独到的见解和知识量，但发布会不同于业务交流、学术讲座，专家发布的内容必须遵循“为主题服务”，讲述的观点和案例必须紧扣议题展开，不宜发表超出范围的内容或者学术上有待商榷的观点，避免因为不妥当的言论引发争议，以偏概全，误导公众或冲淡发布会的传播效果。

第四章 突发事件信息发布

突发事件是指突然发生、造成或者可能造成严重社会危害、需要采取应急处置措施予以应对的事件。由于社会舆论环境的改变，突发事件也包括出现在社会公共领域、因媒体报道或网络舆论引发的、影响社会和谐稳定，甚至危及社会公共生活秩序和公共利益、损害党和政府形象的群体性事件或社会敏感事件。

突发事件本身是一种危机事件，但只要处置得当，并不一定会演变成严重的舆论危机；只有在处置不当、信息披露不充分，引起媒体和公众对事件背后真相的集中追问或批评时，才会导致次生危机的不断涌现，演变成舆论危机，进而成为公共危机。党政部门及时主动地发布突发事件信息是法定职责，要积极全面地回应重要舆情和社会热点问题，把人民群众的期待融入党和政府决策和工作之中。

一、突发事件信息发布概述

（一）突发事件的类型

根据2006年1月国务院发布的《国家突发公共事件总体应急预案》和2007年11月施行的《中华人民共和国突发事件应对法》，突发事件分为四类：自然灾害、事故灾害、公共卫生事件和社会安全事件。按照性质、严重程度、可控性和影响范围等因素，突发事件可以分为四级：Ⅰ级（特别重大）、Ⅱ级（重大）、Ⅲ级（较大）和Ⅳ级（一般）。分级标准中一条共性的、最重要的标准是人员伤亡：死亡30人及以上为特别重大，10人至29人为重大，3人至9人为较大，1人至2人为一般。确定等级时，要结合不同类别的突发事件情况和其他标准具体分析。对一次死亡3人以上和影响重大、涉及群体性、涉外、敏感、可能恶化的突发事件，要加强情况报告，并视情提高响应等级。

突发事件除了上述两种分类方式外，还可以从其他角度进行分类。按照参与处置突发事件的责任主体的行政级别，可以将突发事件分为乡镇级、县级、地市级、省级和国家级。以上海为例，主要可以分为区级、市级和国家级。一般或较大的突发事件，可以直接由上海市区级行政单位进行处置；重大或特别重大的需要由上海市委、市政府及相关部门进行协调处置；如果事件影响已经波及更大范围、造成全国性重大影响和舆情危机，则需要国家相关部门参与协调处置。

按照事件产生的原因，可以将突发事件分为人为因素导致的突发事件和非人为因素导致的突发事件。人为因素导致的突发事件往往是可防控或应该被防控的，事件爆发后常常会引发舆论对涉事责任主体的谴责；非人为因素导致的突发事件往往难以防控或难以预测，事件爆发后，只要涉事责任主体应对及时、处理妥当，一般不会引发重大舆情危机。按照突发事件导致的后果，可以分为导致人员伤亡的突发事件和未导致人员伤亡的突发事件。在当下的舆论环境中，导致人员伤亡的突发事件一般都会比未出现人员伤亡的突发事件引发更大的舆论关注；未导致人员伤亡的突发事件还可以进一步分为导致财产损失和未导致财产损失的突发事件。一些突发事件并未导致人员伤亡或财产损失，但却引发了舆情危机，这类事件常常涉及社会治理问题、公职人员或公众人物形象问题、与公众切身利益相关的其他社会问题等，此类突发事件也需要涉事责任主体和相关部门妥善应对。

（二）突发事件信息发布的总体要求

突发事件信息发布应是我国新闻发布中的重要内容，也是我国新闻舆论工作的重要一环。由于突发事件可能发生的领域极广，常常涉及敏感议题，并且极有可能引发舆情危机，因此，各级党政部门都必须积极应对，妥善处理。

第一，各级党政部门，特别是涉及突发事件多发领域的相关部门，必须高度重视突发事件信息发布工作。做好党的新闻舆论工作，营造良好舆论环境，是治国理政、定国安邦的大事。突发事件本身及其引发的舆论危机，会直接影响社会的和谐稳定，涉事责任主体和相关部门需要同时做好突发事件的现场处理和信息发布两方面工作。

第二，突发事件信息发布工作需要专业、合理、规范的操作程序。近些年来，中共中央和国务院发布了诸多相关文件，对突发事件的应对及信息发布工作提出了许多明确的指导性意见，比如：相关部门主要负责人要及时、主动参与信息发布工作并参加新闻发布会；官方平台要及时、主动发布信息，做好信息首发和滚动发布工作；对涉及特别重大、重大突发事件的，要快速反应，最迟要在5小时内发布权威信息、在24小时内举行新闻发布会。这些具体的操作规范可有效规避突发事件应对中的诸多问题，各级党政部门都应认真遵守和履行。

第三，舆情分析、研判与回应是突发事件信息发布工作的重中之重。在新媒体蓬勃发展的当下，舆论生态空前复杂，突发事件引发的危机往往是舆论危机，涉事责任主体和相关单位承受的压力主要是来自公众和媒体的舆论压力，因此，有关部门必须积极做好舆情分析、研判和回应工作。

第四，突发事件的应对及信息发布工作应坚持预防第一。做好风险隐患排查，采取切实有效的措施将风险消灭在萌芽状态，是最好的危机公关。虽然突发事件的发生有其偶然性因素，但自然灾害、事故灾害、公共卫生事件、社会安全事件中的许多突发事件都可以在事发前做好风险管理和危机防范工作，以便减少突发事件发生的概率或降低人员伤亡与财产损失的程度。在突发事件发生后的应对及信息发布工作中，也要做好预防工作，以便减少次生灾害和次生舆情危机的发生。

（三）突发事件信息发布的特点

突发事件信息发布与党政部门日常工作中的信息发布有许多不同，主要有以下特点：

○ 舆论回应的紧迫性。突发事件信息发布时效性极强，发布单位准备的时间很短。

○ 初始信息的模糊性。突发事件初始阶段情况往往不明朗，发布信息的准确性把握难度大。

○ 相关议题的敏感性。突发事件往往涉及舆论关切的敏感议题，处理失当容易引发次生舆论危机。

各级党政部门主要负责同志要经常研究重大舆情，把握基调方向，发生突发事件和热点敏感问题时，要当好“第一责任人”和“第一发言人”，并与其他新闻发言人协同配合，带头出席新闻发布会、通气会，接受媒体采访，表明立场态度，介绍应对措施，发出权威声音。

如事发现场有境内外记者采访或有媒体来电问询，要及时留存对方联系方式，坦然告知已获知的信息。对外信息发布口径和新闻素材稿确定后，要尽快主动告知对方，切忌延误时机，以防出现不实报道。

二、突发事件信息发布的基本原则

为充分把握信息发布的时效度，及时回应媒体关注和公众关切，有效引导社会舆论，突发事件信息发布应基于及时、准确、公开、透明的信息发布理念，坚持以下基本原则。

（一）统一领导，分级负责

突发事件发生后，应根据应急响应级别成立事件处置应急指挥机构，并在其中设立信息发布机构。事件处置和信息发布工作在统一领导下，统一协调，统筹安排，上下级联动，不同层级的部门须明确相关责任。

对发生在敏感地区、敏感地点，容易引发大规模社会恐慌等的事件，以及影响社会和谐稳定、危及公共社会生活秩序和公众利益的群体性或社会敏感事件，相关信息发布工作要根据统一部署，按照有关规定和要求进行。

发生重特大突发事件和出现社会关注度高的热点敏感问题时，主管部门和涉事单位主要负责同志要出席新闻发布会，当好“第一新闻发言人”。新闻发布会要设置问答环节，以开放的姿态接受记者提问，逐步形成在关键时刻和重大事项上，主要负责同志与新闻发言人协同配合、及时发布、有效回应的工作格局。

（二）快报事实，慎报原因

突发事件发生后，党政部门应“快报事实”，在第一时间抢占信息发布的制高点，以求掌握引导舆论的主动权、事件处置的主导权。需要“快报”的“事实”包括事件发生的时间、地点、伤亡人数等基本情况，以及党政部门的初步应对措施等，这样做能够使相关部门对突发事件不“失声”，把握舆论的主动权，避免新闻媒体因信息渠道不畅导致报道不准确。

原则上，首次信息发布时限不超过 2 小时。造成重大人员伤亡或社会影响较大的突发事件，应在 24 小时内举行新闻发布会，主管部门和涉事单位的官方微博、微信等各种政务新媒体平台应当持续滚动发布信息。

“慎报原因”是由于事发突然，一时难以对事件做出权威、全面的调查和分析，此时如果匆匆下断言、轻率做结论，就可能弄巧成拙，引发混乱。突发事件的信息发布和事件处置须同步进行，因此，第一时间发布的信息有时并不全面，在进一步获悉信息后，需要立即跟进、滚动发布，一段时间内不断刷新。对此前由于情况不清晰而发布的不够完整、不够详细的信息，要立即纠正、补充，以维护党政部门信息发布的权威。

（三）依法处置，求实为本

依法处置是指突发事件处置和信息发布要按照法律法规的规定进行，不能跟着非理性的情绪走；求实为本是指在信息发布和报道时要实事求是，不能断章取义，更不能不负责任地夸大、渲染。

真实可信是信息发布的基石，切忌弄虚作假、粉饰太平。任何事态不会因说法上的“缩小”而变小，但会因舆论的聚焦而扩大。如今传播渠道日益多样、通畅，与其抱有侥幸心理遮遮掩掩，不如坦诚相待，尽快取得舆论的理解与支持。突发事件由于备受关注，新闻发言人在发布会上应当表达对事件的重视，尽力提供足量信息，赢得公众的共鸣，也使公众更加容易接受和理解。对确实不掌握的突发情况，要直说，比如可以说:“这件事正在处置中，相关调查工作已经启动，目前掌握的情况是……”“我们对于现在这个事件的了解还不是最全面的，根据我们现在收到的消息……”

(四) 把握主动，密切协同

突发事件发生后，党政部门对事件进展、处置举措、调查处理结果、防范和整改措施等重要信息，要采取多种形式，滚动发布，掌握信息发布的主动权。信息发布工作的顺利有效开展，需要主管部门、涉事责任单位，以及其他相关部门的密切合作、协同联动。

相关党政部门须加强信息发布的组织协调和归口管理，严格执行工作规程，坚持一个出口对外发布消息。对蓄意封锁、隐瞒或随意散布消息，造成重大消极影响或后果的，要依规依纪依法追究有关当事人的责任。对外公布的口径必须连贯一致。无论是事件处理责任人、新闻发言人，或是党政部门负责人，以及与事件有关并可能接触媒体的人员，对外口径必须保持高度一致、前后连贯，绝对不能提供相互矛盾的内容，否则，很容易引发次生危机。

(五) 以人为本，尊重公众

突发事件信息发布要坚持以人为本、尊重公众的原则，充分展现责任主体的人文关怀，要体现党和政府将人民群众的生命财产安全放在第一位的理念，要及时表达对遇难人员的哀悼之情和对家属的慰问。公布遇难或失踪人员肖像、职业、民族、家庭、工作单位、现场图像等个人信息要征得家属同意。

一些负面事件中，相关责任主体应当对工作中的失职、失误或不足诚挚道歉，并承诺仔细查找原因，尽量弥补损失，防范类似事件再次发生，以取得公众谅解。重大事故发生后召开新闻发布会，公众最愿意看到的除了事实之外，还有态度。对于公众，尤其是遇难人员亲属来说，他们更愿意接受具体的、形象的、符号化的人物，以及人性化的表达，如“代表市委、市政府，向某某事故遇难者表示沉痛哀悼，向受伤者和伤亡者家属表示亲切慰问”，“在此，我代表某某党政部门向大家表示深深的歉意”等说法容易得到认可，此时的道歉用语切忌空泛。

三、突发事件信息发布的主要环节

（一）明确责任

突发事件发生后，应根据应急响应级别确立责任主体。负责事件处置的主管部门和涉事责任单位是信息发布的第一责任主体，承担信息发布的首要责任。

以上海为例，突发事件应急响应分为四级：Ⅰ级（特别重大）、Ⅱ级（重大）、Ⅲ级（较大）和Ⅳ级（一般）。Ⅰ级：由市委、市政府直接指挥处置；Ⅱ级：由市委、市政府授权主管部门或区委、区政府牵头处置；Ⅲ级：由事件发生地区委、区政府或市有关部门、单位处置；Ⅳ级：由事件发生地区委、区政府或市有关部门、单位处置。同时，宣传部门要指导协调相关责任单位做好舆情研判，及时发布信息，回应社会关切。重特大突发事件发生后，市委、市政府要成立应急处置指挥机构的，由该机构或其授权的部门发布信息，相关信息发布、舆论引导方案和口径须报分管市领导审核，特别重要的信息发布口径须报市委、市政府主要领导审定。

（二）建立专班

突发事件发生后，要根据应急响应级别建立突发事件信息发布和舆论引导应急联络机制，成立由相关单位分管领导参加的工作专班，加强沟通联系，确保信息畅通、发布及时、引导有力。以上海为例，重特大突发事件发生后，市委宣传部、市委网信办、市政府新闻办等部门，会同与事件处置密切相关的市委、市政府有关部门，建立应急联络机制。

（三）信息通报

突发事件发生后，主管部门和涉事责任单位须根据突发事件应急响应级别向上级主管部门及相关单位通报事件信息。以上海为例，重特大突发事件发生后，主管部门、区委、区政府等涉事单位要向市委办公厅、市政府办公厅、市应急管理局报告，同时，也要向宣传部门通报相关信息。

（四）现场管理

在接报突发事件信息后，市政府新闻办等相关部门要根据突发事件应急响应级别决定是否派专员赶赴现场并直接参与信息发布工作。以上海为例，重特大突发事件发生后，市政府新闻办须派专员赴现场直接参与信息发布工作，涉事责任单位要在市政府新闻办指导下，按照突发事件信息发布和记者采访管理的有关法律法规及有关要求，做好媒体采访的服务管理工作。

（五）口径拟定

突发事件信息发布之前，主管部门和涉事责任单位要拟定口径，口径须注重时度效，并根据事态发展及时予以更新。对涉及伤亡人数、影响范围、处置措施等关键信息，要反复核准，严谨表述。

在拟定口径或发布素材时，切忌前后不一致、关键信息含糊不清、用词产生歧义，这些都会导致公众的误读，甚至认为党和政府为个人责任背书、回避矛盾焦点等。

（六）信息发布

突发事件的信息发布须根据突发事件应急响应级别，灵活采用新闻发布会或吹风会、记者见面会、约请媒体采访、发布新闻稿件、通过政务新媒体推送等形式。信息发布不仅是向媒体和社会公众传达事实信息，更是表明党和政府的态度，回应公众关切。

针对重特大突发事件，要将信息发布与事件处置同步考虑、同步推进，持续发布权威信息。发布内容应当包括人员伤亡信息、处置措施、救援情况、善后工作、后续调查进展、防范和整改措施等。重特大突发事件的涉事责任单位应该在 24 小时内举行新闻发布会。

信息首发是突发事件信息发布工作至关重要的一环。首次信息发布时限应当为事件接报后 2 小时以内。重特大突发事件的首次信息发布时限应当为事件接报后 1 小时以内。首发信息应当发布事件发生的时间、地点及基本情况等内容。当时难以确认伤亡情况的,应当在规定的时间内作简要通报,后续滚动发布。随后可根据事态发展和处置进展情况,滚动发布掌握的情况和政府应对措施等信息。

(七)舆情研判

突发事件发生后,相关部门和涉事责任单位须迅速开展舆情研判,进行舆情收集、会商、研判、回应、评估等工作,为信息发布提供建议。信息发布工作展开后,相关部门和涉事责任单位须监测舆情发展,为后续信息发布提供支持。在舆情监测过程中,若发现严重危害社会秩序和国家利益的造谣传谣行为,或影响党和政府公信力的失实信息,要在及时发布权威信息的同时,将有关情况和线索移交公安机关、网络监管部门查处。

思考题五：如何进行重特大突发事件信息发布？

答：

近年来，从中央到地方高度重视重特大突发事件信息发布工作，相继出台了比较详尽的法律法规，工作流程越来越规范。但是在实践过程中，我们还是能看到有些地方因为突发事件信息发布工作存在问题或者瑕疵，对党和政府公信力造成了负面影响，值得反思。

总结梳理过往的经验和教训，做好突发事件的信息发布，要牢牢抓住以下的几个“度”：态度、速度、尺度、温度、维度。

态度。**一是要坚持以人民为中心**。党和政府一切工作的出发点都是以人民为中心。重特大突发事件发生后，往往会对周边居民的生产生活造成比较大的影响，有些可能还会对整个国家和社会产生影响。人民群众迫切希望知道发生了什么、产生了什么后果、处置的进展如何、会产生什么影响、应该如何应对，等等。因此，做好重特大突发事件信息发布工作必须坚持以人民为中心，主动、及时、准确地将社会公众关心的，和人民群众利益相关的事项对外发布，保证他们的知情权、监督权、参与权，引导他们支持和配合党委政府妥善处置突发事件，维护好他们的合法权益。**二是要坚持实事求**

是。重特大突发事件发生后，党委和政府应该及时主动地发布信息，要对群众说真话，千万不能抱着瞒天过海的心态，更不能掩盖事实和真相，以为可以敷衍过关。因为受害者家属、周边居民、新闻媒体可能都是目击者，尤其是在互联网时代，“人人都有麦克风”，事件传播速度极快。因此，必须坚持实事求是的态度，客观真实地去发布事件发生、处置进展、人员伤亡，以及调查情况和处理结果等信息，维护好党委政府的公信力。

速度。突发事件发生后，往往很快就会有一些事故现场的照片、视频开始在网上传播，关于突发事件的各种传言、流言也会甚嚣尘上，如果不尽快发布权威信息，任由这些在网上传播，可能会对突发事件的正常处置产生不利的舆论影响。因此，党委和政府要树立及时、准确、公开、透明的信息发布理念，信息发布与重特大突发事件处置同步进行，必须尽快发布突发事件的权威信息，抢占舆论的制高点，压缩各种流言和谣言的空间，努力为突发事件的妥善处置营造积极的舆论氛围。国务院《〈关于全面推进政务公开工作的意见〉实施细则》，明确要求对涉及特别重大、重大突发事件的政务舆情，要快速反应，最迟要在 5 小时内发布权威信息、在 24 小时内举行新闻发布会。

尺度。在力求做到快速回应社会关切的同时，一定要坚持依法发布，掌握好信息发布的尺度。比如，突发事件信息发布要注意遵守“快报事实，慎报原因”的原则，第一时间发布基本事实，对掌握的信息不隐瞒、不遗漏、不拖延，对涉及个人隐私等信息，应严格遵守国家相关法律法规进行发布，涉及事故原因要慎重下结论，在正式公布调查处理结果前，可根据已核实的情况及时对外发布，防止过度猜测。要注意保证对外发布口径内容准确、前后一致，涉及人员伤亡、损害后果、处置措施、事故原因等关键信息不能前后矛盾，对暂时拿不准的情况信息发布时要留有余地。

温度。突发事件的发生往往会造成人民群众生命财产安全的损害。受害者及其家属普遍存在悲伤、焦虑等情绪，社会大众往往也会对党委和政府抱着质疑的态度。要有效安抚公众情绪、回应社会质疑，必须换位思考，将心比心，站在受害者家属等受众的角度。因此，党委和政府在坚持及时、准确地发布信息的同时，一定要怀着同理心，不能置身事外，要始终体现人文关怀，注意表达对受害者的同情和对遇难者的哀悼，切勿出现一些冷漠的、缺乏对人性尊重的言论。避免现场血腥、暴力及遇难者遗体等照片、视频在网络传播，避免对当事者及其家属造成二次伤害。同时，在发布口径上也要注意措辞，减少和杜绝让公众反感的“灾难八股文”，要多讲带人情味、接地气的“人话”，动之以情、晓之以理，以情感人、以理服人。①

维度。突发事件信息发布不是单向度的。一方面，党委和政府应避免自说自话，要积极倾听和了解人民群众的关切，注意做好舆情收集和研判，有针对性地开展信息发布；另外，突发事件信息发布很难做到毕其功于一役，需要根据突发事件处置的进展情况，滚动持续发布权威信息，发布后还需跟踪舆情，做好持续发布的准备，努

① 钟开斌：《突发事件信息发布应把握好六个“度”》，《光明日报》（2015 年 9 月 21 日 11 版）。

力让信息发布和社会关切双向奔赴，实现党委和政府与人民群众的良性互动。另一方面，要注意发挥主流媒体的传播力和放大器作用，做好舆情引导工作。突发事件发生后，党委和政府应该主动发声，发布事故处置的权威信息，但是也不能忽视主流媒体的作用，在不影响突发事件有序处置的情况下，可以安排负责处置部门的负责人接受媒体采访，或者安排媒体到现场采访，通过有序管理，引导媒体客观报道，发挥新闻网站及微信微博、移动客户端等新媒体的传播力和影响力，提高舆情引导的针对性和有效性。

案例4:“4·22”金山区厂房火灾事故应急处置和信息发布

2021年4月22日13时25分左右,位于上海市金山区林盛路某公司阳极氧化车间发生一起火灾事故,过火、烟熏面积约21000平方米。13时30分许,市应急联动中心、市消防救援总队接到报警后,先后调集53个消防救援站、122辆消防车、970余名指战员赶赴现场处置。经过奋力扑救,于23日6时20分将火灾扑灭。事故造成6名企业员工和2名消防人员死亡。

事故发生后,上海市人民政府新闻办公室(下文简写为“市政府新闻办”)随即派员赶赴现场,参与应急处置。向市消防救援总队及属地区详细了解事故发生及处置情况,指导属地区按照“快报事实、慎报原因”原则,通过官方微博推送事故信息,并在现场设立媒体接待点,做好媒体现场采访管理工作。

4月24日,应急管理部批复同意对该起事故提级调查。9月22日,上海市人民政府公布“4·22”较大生产经营性火灾事故调查报告,通报事故原因、责任认定及处理建议等情况。

一、舆情概况

4月22日18:41,金山消防发布警情通报:4月22日下午1时

30分，金山区林盛路××弄××号一企业厂房失火。通报发出后，社交媒体上开始出现零星消息。

4月22日20:55，金山区政府新闻办再次发布情况通报：目前救援工作有序推进，伤亡情况及事故原因正在调查中。信息发布后，舆情热度持续上升，媒体开始关注此事，同时，网上开始流传事故伤亡人数及有消防人员失联等消息。

4月23日凌晨1:24，金山区政府新闻办发布情况通报：经初步排摸，有8人失联，其中，6名为企业相关人员，2名为消防救援人员，搜救工作正在紧张进行。各新闻媒体迅速转发，社交媒体上网民也纷纷发表评论，但总体以转发官方信息和祝福消防员为主。

4月23日10:22，金山区政府新闻办发布情况通报：4月23日6时20分，金山区林盛路××弄××号××公司失火厂房明火已被扑灭。经过消防救援人员连夜紧张搜救，8名失联人员均已找到，经现场医护人员确认，已无生命体征，其中两名消防救援人员系在搜救被困人员过程中牺牲。该条信息发布后，舆情达到高潮，总体仍以转发官方消息、悼念消防员为主。之后几天舆情逐渐平息，偶有抬升是由官方发布两名消防员生前影像及召开追悼会信息后，各新闻媒体和网民转发所致。

9月22日，事故调查报告公布，舆情整体平稳，各新闻媒体及网民转发均以调查报告为主，没有集中负面评论。

二、主要做法及经验启示

（1）快报事实、慎报原因，及时发布事故信息。本次事故发生后，金山消防根据工作流程率先发布了相关信息。因火情较大，接市政府总值班室指令后，市政府新闻办分管负责同志立即赶赴现场，参与处置并指导区级宣传部门开展信息发布，滚动公布救援进展。明火扑灭后，指导金山区持续发布信息，讲明伤亡人数、善后处置、现场清理，并开展事故原因调查等情况。关于事件调查报告的发布工作，市政府新闻办建议市应急管理局在遵守事故调查法律法规及相应程序要求的同时，选择合适时机发布，尽量避开重大节庆时点。同时，在事故调查报告发布后，密切跟踪舆情，并督促责任单位及时落实处理结果和整改措施，避免引发次生舆情。

(2) 研判舆情、滚动发布，迅速回应网民关切。市政府新闻办在官方信息发布后，联合网信部门，密切关注网上舆情动态。发现网上流传事故伤亡人数及有消防人员失联等信息时，市政府新闻办指导金山区立即核实关键信息，拟定对外发布口径，报现场指挥部领导审定后，主动发布权威信息，澄清事实、破除谣言。同时，根据救援进展，持续滚动发布信息，避免网络谣言滋生。从本次舆情发展来看，大部分网络信息均系转发官方消息。

(3) 统筹协调、现场管理，牢牢掌握网络阵地。市政府新闻办全程参与现场处置，第一时间掌握救援的进展情况，协助属地区拟定对外发布口径，及时上报现场情况，密切注意社交媒体平台，掌握舆情发展态势。同时，在现场设立媒体接待点，做好新闻媒体现场采访管理工作，确保记者的人身安全，防止影响现场救援，避免次生灾害风险，也及时将救援进展通报记者，通过新闻媒体发声和引导，保障市民群众的知情权。

三、存在的问题及面临的困难挑战

(1) 相对依赖新媒体发布，未举行新闻发布会。本次事故所有信息发布均采用新媒体发布的方式，并未举行新闻发布会。主要因为前期对事故严重程度预判不准确，火灾持续至深夜凌晨，且火势较大、现场情况复杂、受困人员较多。直至清晨明火扑灭，救援过程和结果均较清晰，经研判，更适宜直接将救援结果尽快及时公布。

(2) 信息发布间隔较长，存在网络谣言发酵空间。本次事故造成 8 人死亡，特别是导致 2 名消防人员牺牲，因而舆论高度关注，远超同类型安全生产事故，网络上甚至出现了传言和谣言。特别是事故发生第二天，应急管理部要求对事故提级调查，事故已经被定性为重大事故。从这两方面来看，都需要根据事故处置情况，特别是媒体和社会的关切，快速发布信息，掌握舆论主导权。然而，因救援难度较大，尚未取得实质性进展，且时值深夜，几次信息发布间隔最长达 9 小时，因而没有及时阻断谣言发酵。

案例5：“12·31”外滩拥挤踩踏事件舆情特点和新闻发布工作

2014年12月31日深夜，上海外滩陈毅广场发生拥挤踩踏事件，造成36人死亡、49人受伤。2015年1月1日，针对该起事件，上海市成立工作组，统一指导善后工作。工作组下设医疗小组、联合调查组、善后工作组、信息发布组。

市政府联合调查组经过21天的紧张工作与深入调查，于2015年1月21日形成了调查报告，认定这是一起对群众性活动预防准备不足、现场管理不力、应对处置不当而引发的拥挤踩踏并造成重大伤亡和严重后果的公共安全责任事件。调查报告建议，对包括时任黄浦区委书记、区长在内的11名党政干部进行处分。

1月21日上午，联合调查组通过市政府新闻发布会向中外媒体通报了事件调查结果和处理结果。时任副市长周波代表市委、市政府表达歉意、表明态度。

该场发布会层级较高，信息权威，直面媒体尖锐提问，有效回应社会关切，中外媒体对此评价较为积极。

一、事发后舆情阶段性特点

(一) 舆情爆发

事件发生后,@上海发布微博在2015年1月1日凌晨发布官方确认发生踩踏的消息,转发量至1月5日超过4.2万次,新浪微博话题“上海外滩踩踏事故”的阅读量,在1月4日突破12.4亿次,讨论量超过18.1万次。监测显示,自2014年12月31日出现零星资讯后,该事件舆情在2015年1月1日大规模爆发,当日相关原创微博量约87979条,论坛帖文量约3229条,博客博文约481篇。

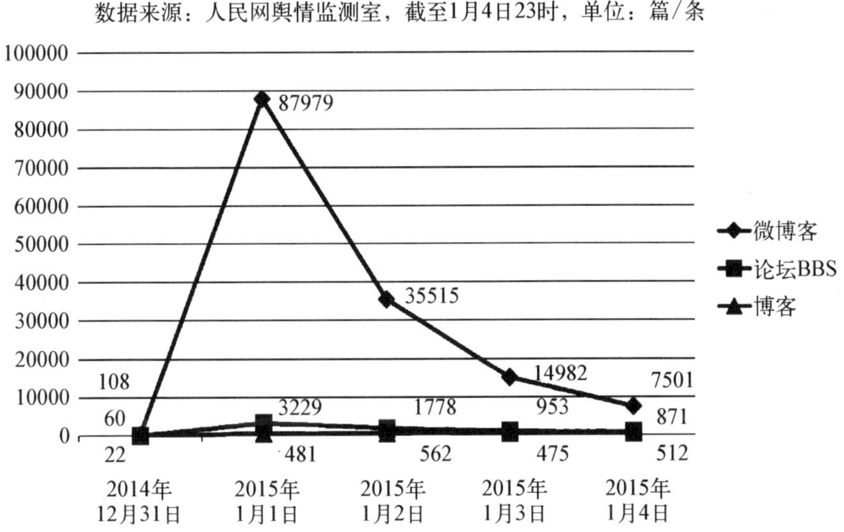

(二) 媒体追问

连夜分赴现场、医院的国内媒体,依靠专业化的事件追踪和全景式的报道合力,将事件始末进一步还原,新华社三问“上海外滩踩踏事件”：风险预防策略是否充分？安全管理手段是否到位？应急控制措施是否及时？通过西方主流媒体的传播，外滩踩踏事件成为国际新闻焦点。

“外滩十八号抛撒美元引发踩踏”“上海党报对事件冷处理”“35人死亡上限”……其间，踩踏事件舆情在各类谣言和流言的喧嚣与干扰中扶摇直上，24小时内的网络报道量突破13700篇。此后，在警方调查和媒体澄清的强力干预下，相关辟谣得以量级传播，舆论泡沫得以压缩。

（三）理性反思

1月2日凌晨1时22分，@上海发布微博公布首批32名遇难者名单，微博转发量至5日约5.3万次，媒体报道接近2200篇。

总体看来，舆论中震惊、悲伤逐渐走向理性反思、做好善后工作和责任追究，逐渐趋于缓和。

截至1月4日上午11时，36位遇难者名单全部公布，24名伤者经诊治后出院，25名伤者继续在医院治疗，重伤员已减少到7人。上海市政府的紧急救治及事后处置工作得到了舆论的基本认可。

二、1月21日新闻发布会准备工作分析

在突发事件新闻发布会的准备工作中，发布内容、应答口径、会场管理、信息传播、报道效果等各个环节，都必须充分准备、整体考量。以下是外滩拥挤踩踏事件新闻发布会准备工作要点。

(一) 会前准备：研判舆情，拟定口径

作为一起造成严重伤亡的突发事件，其调查与问责必然会引发社会各方高度关注。1月21日的新闻发布会除了公布调查结果，还必须回应媒体和公众关心的各种问题。因此，发布人及其工作团队要提前做好充分、全面的口径和材料准备，才能确保发布内容翔实、回应态度积极。

在调查进入尾声、确定新闻发布会日期之后，市政府新闻办和市委网信办每天召开例会研判舆情，其中，既有境内外媒体的相关报道，也有广大网民的评论与质疑。同时，市政府新闻发言人工作组通过热线电话接受了大量境内外媒体的问询，在此基础上梳理出近30个社会关注度高的问题，涉及应急预案、应急处置、善后工作、调查问责等各个方面。针对“调查工作是否拖延”“为何定性为事件而非事故”“问责是否到位”“取消公共活动是否因噎废食”等敏感问题，市政府新闻办协调联合调查组、市应急办、市政府法制办等部门

仔细研究,依据事实认真拟定口径,确保回答表述清晰、解释到位。

（二）会场准备：规范管理,注重细节

突发事件新闻发布会通常会有大量媒体记者到场,广播电视、网络媒体和平面媒体对硬件设施的需求也不尽相同。如何兼顾发布效果与会场秩序,又尽量满足不同媒体的采访诉求,是新闻发布会策划中不可或缺的重要环节。

该场发布会选择在市政府新闻发布厅举行,这是市政府新闻发布会例行召开的场所,其场地条件和硬件设施能较好地满足各类媒体现场采访、发稿的需求。

为使新闻发布会现场秩序井然,现场设置了发布人员与媒体记者分开进出的两条通道,避免可能出现的围堵采访状况。同时,市政府新闻办在会场所在的楼内设置了分会场,安排视频直播,提供文字素材。如此,因会场席位有限而无法进入的记者可以同时获得与场内完全相同的信息,也避免了个别迟到的记者频繁进入会场而影响发布效果。

（三）发布准备：现场发布,网络传播

1 月 21 日上午 11 时 10 分,新闻发布会按时召开。历时 1 小时的发布会吸引了中外媒体的广泛关注,共 85 家媒体近 150 人参加,其中境外媒体 40 家 57 人,有 8 家中外媒体记者提问。与会记者在会场签到时,都拿了一份当天参加新闻发布会的发布人名单,便于他们提问和发稿。这份名单被多名记者上传到网络,成了第一轮传递的发布会消息,也从侧面体现了发布方善待媒体、服务媒体的态度。

在互联网环境下，要争取信息发布和舆论引导的主动权，必须做到新闻发布和网络传播同步策划、同步实施。市政府新闻办官方微博“上海发布”在发布会现场进行同步文字直播；新闻发布会一结束，调查报告就全文上网。与此同时，通过事先充分沟通，各主流媒体的新媒体号纷纷抢占先机，东方网、新民网实时直播，人民日报、新华社、解放日报APP客户端及时推送，这些分波次、集中发布的信息在精准的时间节点推出，迅速占据各大门户网站首页主要位置；其中，既有权威信息，又有深度分析，还有精彩评论，使得新闻发布内容及时准确传递，及时回应了社会关切，有效防止了次生负面舆情。

案例6:“5·16”昭化路厂房坍塌重大事故信息发布及舆论引导

2019年5月16日中午11时20分,长宁区昭化路148号近定西路发生厂房坍塌事故,该事件被认定为生产安全责任事故,最终造成12人死亡、10人重伤、3人轻伤。

事故发生后,市委、市政府主要领导于16日下午分别赴事故现场指导救援处置工作。市应急管理局随即会同相关部门成立事故调查组,在应急管理部的指导下,依法依规开展调查。市政府新闻办派员赶赴事故现场,通宵驻扎在指挥部,密切关注,及时指导媒体沟通工作,与相关单位沟通,全面了解情况,跟踪舆情事态发展,做好信息发布准备。

一、事发后舆情阶段性特点

事件发生之后,当日舆情于14时左右冲上高峰,之后锐降,次日9点短暂上扬,之后下降。走势与当日第一次信息发布和次日信息发布时间段基本吻合。

事发24小时后,网络传播进入波动下降期,舆情热度逐步减退,没有极端搜索热词。舆情态势总体处于平稳状态。

事发48小时后,网络传播持续进入下降期,舆情热度保持低位小幅波动，没有出现极端搜索热词。舆情态势总体处于平稳状态。

事发72小时后，网络传播持续进入下降期，舆情热度保持低位小幅波动，没有出现极端搜索热词。舆情态势总体平稳。

二、信息发布

（一）首发信息

随着事故影响逐步扩大，网上舆情开始发酵，媒体广泛关注。市应急管理局牵头成立现场指挥部，并负责统一发布口径。当日15时20分许，“上海发布”及市应急管理局微信、微博政务发布平台发布事故发生及救援处置首发信息。

（二）滚动发布

社会公众和新闻媒体广泛关注事故处置进展，尤其是被困人员搜救情况。当日市应急管理局“上海应急守护”政务发布平台统一口径、滚动发布。

当日18时10分许，大部分被困人员已被救出。“上海发布”于19时10分发布信息，公布被困人员救援最新数字等进展，及市委、市政府主要领导现场指导救援处置情况，向社会公众表明市委、市政府全力组织抢救被困人员的态度和决心。

次日凌晨1时45分许，现场搜救基本完成，被困人员25人全部被救出，其中10人经抢救无效死亡。凌晨3时许，“上海发布”、市应急管理局同时发布信息，告知社会公众现场搜救结束，被困人员全部被救出及伤亡情况，并说明市应急管理局已牵头成立事故调查组，正在对事故原因进行调查。

滚动发布权威信息及时回应了社会关切。据统计,“上海发布”关于事故救援处置相关微信、微博阅读量总计达到122万余次,网民评论集中在对伤者的关切,对消防、医疗等现场搜救人员的敬意,要求尽快查明事故原因,防止此类事故发生等,也有不少网民对此次事故信息发布及时、透明表示肯定。

(三) 媒体接待

事故发生后,事发属地长宁区新闻办于当日中午12时24分到达现场,设置媒体工作区,开展媒体接待。按照市委宣传部“本市主流媒体要主动发声”的工作要求,长宁区新闻办积极配合市级主流媒体,包括解放日报、文汇报、新民晚报、上海电视台等在内的媒体,开展接待和保障工作,协助完成拍摄及采访。三日内,先后对接了新华社、中央人民广播电台驻上海站、中央电视台驻上海站、中国日报、东方网、澎湃新闻等中央及市级主流媒体,路透社、日本每日电视台、新加坡亚洲新闻电视台等境外媒体,广东电视台、潇湘晨报、荔枝新闻等外省市媒体。出于现场安全管理及救援要求考虑,长宁区新闻办全程陪同媒体并做好沟通及保障工作。

三、相关启示

(一) 滚动发布,口径一致

昭化路厂房突发坍塌事故触及城市安全底线。上海政务新媒体平台及时发布权威信息,回应舆论关切,很大程度上消除了公众恐慌情绪。从事件发生到救援进展,一次发布信息显然不能满足公众的信息需求,市应急管理局在市政府新闻办的协助下准备口径,一共滚动发布三波信息。

建筑坍塌事故突发性强，现场情况不可预见，救援情况多头通报，信息发布比较混乱。市政府新闻办在协调新闻发布口径时发现这一情况，立即建议市应急管理局、上海消防部门等单位保持信息口径一致性，坚持快报事实、慎报原因的原则，有序发布信息。

（二）部门联动，协同发布

市政府新闻办派专员驻扎在事故现场，全程跟踪事件进展情况，现场成立新闻宣传组，新闻办、属地区政府、公安、消防、医疗等单位及时沟通信息，共同审校发布口径，确保口径内容准确无误。

（三）舆情监测，研判预判

针对此次重大突发事件，市委网信办、市政府新闻办、长宁区政府等单位24小时开展舆情监测，及时关注舆情走势，对舆情关注点进行研判，对舆情发展进行预判，并实时指导线下工作，为信息发布和舆论引导保驾护航。

第五章
政务舆情回应

近些年来，随着网络新媒体的迅速发展，传播生态出现了显著的变化，舆论场日益错综复杂，党和政府的施政环境也发生了深刻的改变，新媒体舆情事件层出不穷。做好政务舆情信息发布、有效进行政务舆情回应，越来越成为党和政府推进政务新闻发布工作的内在要求。

一、政务舆情概述

（一）政务舆情的内涵

政务舆情是公众对党和政府的社会治理及相关问题的态度、意见、情绪等的总和，在当下的媒介环境中，政务舆情主要呈现在网络新媒体中。如市政工程夜间施工扰民，市民将类似信息发布到网络，形成热议话题，便成为政务舆情。

政务舆情回应是指党和政府针对舆论场中有关社会治理及相关舆论问题的回应，主要以政务信息发布的形式在多种媒介平台上进行。政务舆情的有效回应对党和政府施政、国家和社会发展都有着重要意义，是加强党政部门与媒体和公众沟通、提升党和政府公信力、建立现代化社会治理体系的重要举措。

（二）政务舆情信息发布的特点

由于政务舆情涉及党和政府的社会治理及相关问题，直接影响党和政府的施政效果，因此，政务舆情回应及信息发布在议题的重要性、信息的权威性、回应的紧迫性、影响的广泛性等方面都具有突出特征。

○ 议题的重要性。政务舆情往往涉及社会公众普遍关心的问题，一些问题甚至事关重大社会舆论关切和敏感事件，舆情的发展态势体现了普遍的社会心理和公众诉求。因此，党和政府相关部门必须重视相关议题。

○ 信息的权威性。针对政务舆情涉及的重要议题，社会公众需要从党政部门的权威平台获得权威的信息。党和政府相关部门是相关信息发布的最直接、甚至是唯一的责任主体。

○ 回应的时效性。党政部门需要针对政务舆情涉及的相关问题积极回应社会关切。突发事件、特别是重特大突发事件引发的政务舆情，信息发布具有紧迫性，相关部门需要在规定时间内做好信息首发和滚动发布；针对其他事件引发的政务舆情，相关部门需要尽快拟好口径，积极回应舆论关切。

◯ 影响的广泛性。政务舆情的信息发布直接影响相关社会问题的解决，影响公众对相关问题的理解和认知，也影响公众对党和政府的态度和意见，进而影响党和政府的施政效果、形象和公信力。因此，各级党政部门必须做好政务舆情的回应和信息发布工作。

二、政务舆情重点回应的类型

在政务舆情回应中，有五类政务舆情需要各级党政部门重点回应并妥善做好信息发布工作。

（一）涉及重大政策措施的误解误读

党和政府发布的重大政策措施往往涉及社会发展的重大问题，由于政策文本表述不够明确、相关部门解读不够清晰、社会舆论受到传言或谣言的负面影响等原因，社会公众可能会对相关政策措施产生误解误读。这不仅会产生严重的负面社会舆论，影响政策措施的落实，甚至会损害党和政府的形象与公信力。

针对此类政务舆情，各级党政部门需要做好政策措施制订过程中的民意汇集、发布过程中的政策解读、误解误读发生后的及时回应等工作。2016 年，国务院办公厅发布的《〈关于全面推进政务公开工作的意见〉实施细则》明确提出要完善民意汇集机制、强化政策解读、积极回应关切。做好民意汇集、政策解读和回应舆论关切等工作可以有效减少或避免误解误读的发生。

○ 民意汇集。在制订重大政策措施过程中，要通过征求意见、听证座谈、咨询协商、列席会议、媒体吹风等方式充分听取民意，也可以通过政府网站的民意征集、网民留言、政务新媒体互动、政府热线、广播电视问政、领导信箱、政府开放日等方式进行。

○ 政策解读。政策解读可以通过新闻发布会、吹风会、撰写解读文章、接受媒体采访、在线访谈、政务新媒体等方式进行。对于重大政策措施，各级党政相关部门是政策解读的责任主体，要进行权威解读。相关部门主要负责人是“第一解读人和责任人”，可以通过发表讲话、撰写文章、接受访谈、参加发布会等多种方式，带头解读政策，传递权威信息。主流媒体及所属网站、政务新媒体平台要做好政策宣传解读工作，发挥“定向定调”的作用，正确引导舆论。

○ 回应误解误读。重大政策措施关系到社会发展和广大公众的切身利益，一旦发生误解误读，党政相关部门需要及时收集、分析、研判舆情情况，积极做出有效回应。对公众不了解情况、存在模糊认识的，要进一步发布权威信息，解疑释惑，澄清事实；对错误看法，要及时发布信息进行引导和纠正；对虚假和不实信息，要及时辟谣并由有关部门依法依规进行查处。

（二）涉及公众切身利益且产生较大影响

某些政务舆情事件会涉及普通公众个人或群体，作为涉事责任主体或承担主要监管责任的党政相关部门要时刻站在公众立场上，依规依纪依法妥善处理相关问题，及时回应舆论关切，充分体现党和政府对公众切身利益的重视。

◯ 公众立场。相对于政府、企业、其他社会组织和团体等，普通个人及特殊群体是社会中的相对弱势群体，切身利益受损或受到不公正、不合理的对待容易引发舆论关注。党政相关部门要站稳人民立场，向媒体和公众表明态度，及时发布处置措施等信息，展现党和政府作为公众切身利益维护者的形象。

◯ 依法处置。对于侵害公众切身利益的行为，党政相关部门应该根据相关法律、法规妥善处置，对于引发严重后果的行为，应当依规依法进行严厉的处罚。依法处置本身是对舆论的有效回应，体现了党和政府的态度。

◯ 回应关切。在涉及公众切身利益的政务舆情事件中，有三方面问题往往会成为舆论关注的焦点：一是事件产生的原因，二是党政相关部门的处置措施，三是进一步保障公众切身利益的举措。事件原因常常会涉及个别单位或个人的违法乱纪行为及相关主管部门监管不到位等问题，在回应舆论关切时，党政相关部门需要做到坦诚、直接、不逃避、不洗白；公众关心处置进展过程，相关部门需要滚动发布有关信息；进一步保障公众切身利益意味着要完善相关机制，相关部门需要及时向媒体和公众通报有关情况。

（三）涉及民生领域严重冲击社会道德底线

严重违背社会伦理道德的问题，常常会引起媒体和公众的强烈愤慨，引发舆论审判和道德审判。在回应此类政务舆情的过程中，党政相关部门需要及时向媒体和公众通报处置措施及进展，并表明党和政府坚决维护社会道德底线的立场。

在此类政务舆情事件中，可能涉及的两类人群需要相关部门格外重视：一是公职人员，二是公众人物。

◯ 公职人员。任职于党政机关、国企、事业单位，以及相关组织和团体的工作人员代表了党和政府的形象，他们违反社会伦理道德的行为会引发舆论的格外关切。党政相关部门在依法依规进行处置的同时，要及时通报整改措施，并鼓励媒体和公众进行监督。

◯ 公众人物。文体艺术领域的明星、著名民企创业者等公众人物，通常会受到媒体和大众的关注，他们违反社会道德的行为常会引发广泛的社会影响。党政相关部门进行处置和回应舆情的同时，要引导、鼓励此类人群积极承担作为公众人物的社会责任。

（四）涉及突发事件的处置应对

突发事件主要包括自然灾害、事故灾害、公共卫生事件和社会安全事件，这些事件关系到公众的切身利益，对社会发展有一定的负面影响，易引发负面舆情，是政务舆情回应的一个重要方面。党政相关部门需要妥善应对突发事件，做好信息发布工作，积极回应舆论关切，而且要特别重视重特大突发事件的处置应对和信息发布工作。相关问题详见第四章。

（五）上级部门要求下级部门主动回应

上级党政部门要求下级党政部门主动回应的政务舆情主要包括两种情况：一是上级部门需要统筹协调下级部门回应有关舆情；

二是上级部门督促下级部门纠正不当回应。

○ 上级统筹协调。政务舆情涉及的一些问题超出了特定区域或特定部门的职能范围，下级部门要及时向上级有关部门进行情况通报，并在上级部门的统一协调部署下开展口径拟定、舆情研判和信息发布等工作。

○ 纠正不当回应。下级部门在舆情回应和信息发布工作中出现了不及时、不充分、信息错误等不当情况，并可能引发次生舆论危机，上级部门需要督促并指导下级部门积极做好相关工作，有效回应舆论关切。

三、政务舆情信息发布的基本原则

政务舆情回应和信息发布效果直接影响到党和政府的形象和公信力，在具体的信息发布工作中，应坚持以下几条原则。

（一）公开透明

政务舆情回应及信息发布工作是党和政府政务公开工作的具体体现。2016 年，国务院办公厅发布的《〈关于全面推进政务公开工作的意见〉实施细则》明确提出要进一步推进决策、执行、管理、服务、结果公开，即“五公开”。政务信息发布要坚持公开透明原则，让公众尽可能多地了解党和政府的有关工作及相关信息，增加公众的理解和支持，减少误解误读情况的发生。

（二）及时回应

政务舆情回应和信息发布具有较强的时效性，及时回应是党政相关部门有效引导舆论的重要举措。依据国务院办公厅《关于在政务公开工作中进一步做好政务舆情回应》的通知，一般政务舆情应在48小时内予以回应，对涉及特别重大、重大突发事件的政务舆情，要快速反应、及时发声，最迟应在24小时内举行新闻发布会。党政相关部门要根据事件处置应对的进展情况，持续发布权威信息。

（三）实事求是

针对政务舆情涉及的社会问题，党政相关部门要坚持真诚沟通的态度，不能消极应付，或故意回避社会舆论关注的焦点、热点和关键问题，应该坚持不回避、不隐瞒、不做假，坚持实事求是、言之有据、有的放矢，力求表达及时、准确、详实。政务舆情回应中出现的错误信息和不当表达，往往会引发次生舆论危机。

（四）依法处置

复杂的舆论环境给相关部门的舆情回应工作带来了诸多挑战。在政务舆情监测过程中，如果发现严重危害社会秩序和国家利益的造谣、传谣行为，相关部门应在及时回应舆论关切的同时，将有关情况和线索移交公安机关、网络监管部门依法依规进行查处。

（五）将心比心

政务舆情回应和信息发布工作中，党政相关部门要充分体现党和政府对公众的关心和尊重，充分体现对公众态度和意见的重视。要将心比心，对于公众的生命安全、财产损失，相关部门要及时表示慰问，涉及有关部门失职渎职的，相关部门负责人要公开向公众表达歉意。

四、完善政务舆情信息发布的主要举措

（一）健全责任机制

政务舆情回应与信息发布首先要健全责任机制、明确责任主体。对涉及国务院重大政策、重要决策部署的政务舆情，国务院相关部门是第一责任主体；对涉及地方的政务舆情，按照属地管理、分级负责、谁主管谁负责的原则进行回应，涉事责任部门是第一责任主体；对涉及多个地方的政务舆情，上级党政主管部门是舆情回应的第一责任主体，相关地方按照属地管理原则进行回应。

重大的政务舆情，应该通过召开新闻发布会、吹风会等形式进行回应，相关部门负责人或新闻发言人应当出席，特别是主要负责人，要当好“第一责任人”和“第一发言人”。在直面媒体和记者的新闻发布过程中，要建立工作机制，让新闻发言人能够参与实体处置，掌握第一手材料。同时，要建立容错机制，鼓励发言人与公众坦诚沟通。

（二）推进政务公开

政务公开是公众了解政务信息的重要途径。公众只有在了解党和政府的有关工作及相关信息的基础上，才能进一步理解、支持、认

同党和政府的决策与举措，避免误解误读，减少负面政务舆情的发生。

在日常工作中，党政部门要推进决策、执行、管理、服务、结果公开，及时发布政务信息，加强政策解读，积极与媒体和公众进行沟通；同时，要完善公众参与机制，让公众能够获得更多机会参与政策制定、执行和监督过程。在应对政务舆情的过程中，党政部门要积极回应舆论关切，及时向媒体和公众发布准确、详细的信息，通报事件进展和处置过程，尽可能让公众充分了解事实信息。

（三）构建部门联动

政务舆情回应和信息发布工作常常会涉及党政多个部门，因此，相关部门需要建立并完善联动机制，部门之间要加强沟通协商，确保回应的信息准确一致。上级主管部门要加强统筹协调，牵头推进部门间的联动。在信息发布的过程中，相关部门要在上级部门的统一领导下，按照职责分工做好舆情回应及信息发布的相关工作。

针对重大政务舆情，党政相关部门及涉事责任单位需要与宣传、网信等部门建立快速反应和协调联络机制，同时，要加强与有关新闻媒体和网站、网络平台的沟通联系，着力提高回应的及时性、针对性、有效性，扩大回应信息的传播范围。

（四）提升回应实效

政务舆情回应的效果直接关系公众对党政相关部门、相关舆论问题的态度和意见，舆情回应效果不佳极易引发次生舆论危机。因此，提升回应实效是政务舆情应对的重中之重。

政务舆情应对需按照有关规定在特定的时间内及时回应舆论关切、发布相关信息。各级党政部门须充分认识到时效在政务舆情应对过程中的重要性。

党政相关部门须采用合适的方式回应政务舆情。对于重大政策解读、重大民生关切等重要问题,须采取比较正式的信息发布形式,如新闻发布会、吹风会、发布新闻公告和声明等形式。对于时间上比较紧迫的回应,要用好时效性更强的政务新媒体平台。在比较正式的新闻发布场合,需要确定合适的人选作为新闻发言人,做好发布工作的充分准备。

(五) 强化舆情研判

舆情研判是政务舆情回应与信息发布工作的重要基础。党政相关部门应建立健全政务舆情收集、会商、研判、回应、评估机制。针对舆情信息,要采用科学、客观、专业的手段和方法进行分析、研判,结果要及时通报给相关部门。有条件的部门,可以引入第三方专业团队,也可以建立政务舆情的实时监测系统,采用大数据技术支撑,提高舆情分析研判的信息化水平。

基于政务舆情重点回应的类型,在舆情收集、研判方面,党政相关部门需要重点研判的舆情包括:涉及公众切身利益且可能产生较大影响的媒体报道;引发媒体和公众关切、可能影响政府形象和公信力的舆情信息;涉及重大突发事件处置和自然灾害应对的舆情信息;严重冲击社会道德底线的民生舆情信息;严重危害社会秩序和国家利益的不实信息等。

思考题六：怎么会引发政务舆情？

答：

政务舆情是当前各类舆情中易见、常见的类型，其引发关注的广度、传播的速度，以及对党政机构形象与公信力的损害程度等，都相较一般舆情为重。为什么政务舆情容易引发广泛关注，哪些原因导致政务舆情易发、频发，如何防范和减少政务舆情的发生等，是值得思考的问题。

政务舆情容易引发关注与其特点有关。政务信息是政务舆情的核心，因其主要构成是政务活动，以及政务活动中反映政务工作及相关事务的各类信息，如各级党政机构领导的重要讲话，各地各部门贯彻执行上级方针、政策、工作部署情况，本地本部门重要工作推进部署情况，工作中的重要问题、突发事件、社会关切，本地本部门针对热点、难点、重点问题的解决举措等。这些信息，既涉及党政部门等机构，往往也指向社会和公众普遍关心的问题，因而兼具议题的重要性、信息的权威性、公众的贴近性等特点，自然容易引发社会公众和媒体的普遍关注。

政务舆情的发生，除一些地方和部门在工作理念、工作机制、工作方式等方面，与互联网对政府治理的要求相比，与人民群众对法治政府、服务政府等期待相比，依然存在一定的差距等主要原因之外，更与一些地方和部门对政务舆情缺少敏感、研判不到位、仓促草率应对等因素有关。深入分析这些因素，有助于在理念方面提高对政务舆情的重视程度，在应对方面提高政务舆情回应的针对性，在效果方面维护和提升党政部门的公信力。

在敏感性方面，因政务舆情主要涉及公众对党和政府的社会治理及相关问题的态度与意见，政务舆情的主体是各级党政机构，信息涉及对象是社会公众，一些还是弱势群体，孰"强"孰"弱"，敏感程度会被无限放大，进而激发网络关注。

在研判方面，相较常见的各种类型突发事件，在灾害级别，人财物损失等方面具有明确的研判标准，而政务舆情往往指向党政机构的政务活动，一些地方和部门出于敏感性不足、潜在危机和风险预判不足、缺少研判标准、"多一事不如少一事"心理作祟等诸多原因，常常对政务舆情作出错误研判。事实上，早在 2016 年，国务院办公厅在《关于在政务公开工作中进一步做好政务舆情回应的通知》中，就对需要重点回应的政务舆情研判标准作出列举：对政府及其部门重大政策措施存在误解误读的、涉及公众切身利益且产生较大影响的、涉及民生领域严重冲击社会道德底线的、涉及突发事件处置和自然灾害应对的、上级政府要求下级政府主动回应的政务舆情等。

在回应主体方面，一些地方和部门发生政务舆情，也与涉事机构或推诿责任、或单打独斗、或多头回应等因素有关。政务舆情处置和回应的主体是党政部门，纵向方面往往涉及不同层级，横向方面也会涉及不同地方、不同部门，如何明确并落实政务舆情回应的主体责任，是非常重要的方面。如：对涉及国务院重大政策、重要决策部署的政务舆情，国务院相关部门是第一责任主体；对涉及地方的政务舆情，按照属地管理、分级负责、谁主管谁负责的原则进行回应，涉事责任部门是第一责任主体；对涉及多个地方的政务舆情，上级政府主管部门是舆情回应的第一责任主体……这些相关规定，是明确政务舆情回应主体的重要参考。

特别需要提及的是，考虑到政务舆情常常涉及法治政府、依法行政等方面专业内容，舆情回应、舆论引导等也具有较强的专业性，需要会商公检法司等专业部门的意见，需要会同宣传部门做好协调工作，而不能仅由单一主体机构率性发布和回应。

在回应的实效方面，考虑到政务舆情在议题重要性、信息敏感度、涉及人群广泛等方面，都相较一般舆情复杂，因而回应的时度效等方面，都需要引起特别的重视。“鸵鸟式”回避与视而不见、“蜗牛式”迟缓拖延、“救火式”仓促应对等类似简单化、教条化的回应，都是引发政务舆情进一步扩散、激化甚至异化的原因。正确的回应方式，应该是根据对政务舆情重要性、敏感性等准确研判，进行及时、精准的回应。对涉及特别重大、重大突发事件的政务舆情，要快速反应、及时发声，在快速排摸、初步查清事实的基础上，根据工作进展情况，按要求持续发布权威信息。在回应的内容方面，要围绕舆论关注的焦点、热点和关键问题，实事求是、言之有据、有的放矢，避免自说自话，力求表达准确、亲切、自然。在回应的渠道与方式方面，要根据当前移动互联网的发展，特别是公众信息接触与意见表达方式的变化，拓展回应平台与渠道的覆盖面，组合使用文字、图片、视频等多种方式进行回应。

案例7：新版《上海市实有人口服务和管理若干规定》舆情处置

党和政府发布的重要法律法规、重大政策措施、涉及重要民生关切的举措等，因为主题的重要性、涉及群体的广泛性等特点，往往会引发媒体和社会公众的极大关注。如果相关部门对重要法规、重大政策措施的发布不及时，解读不够清晰，容易引发媒体和舆论的误解，引发传言、谣言甚至引起社会恐慌，给党和政府的形象以及公信力带来负面影响。因此，涉及重要法规、重大政策措施，与公众切身利益有较大影响的措施颁布时，包括立法、执法等部门在内的党和政府相关部门须在快速信息发布的同时，同步进行解读，有效减少各种因误解误读带来的舆情风险。

一、舆情概况

2021年3月31日下午起，《新〈上海市实有人口服务和管理若干规定〉4月起施行　短暂来沪停留人员纳入管理》《上海新"人口管理规定"明起施行　停留超过24小时需登记》《上海人口管理新规明起施行　在沪停留超24小时需登记》等报道陆续见之于网络，"在沪停留超24小时需强制登记""到上海探亲访友停留超过24小时要强制登记，不然最高罚款5000元？"等一系列传言随之出现，引发各界关注，迅速被顶上微博、百度等热搜，并被多个知名网络平台进行推送。

引发媒体报道和网络热议的是将于2021年4月1日正式施行的《上海市实有人口服务和管理若干规定》的第二次修订版。该规定最早以上海市人民政府令的形式，于2012年9月正式发布，2017年11月进行第一次修订，2021年2月进行了第二次修订。2021年3月8日，上海市政府办公厅在上海市政府官方网站发布了"《上海市实有人口服务和管理若干规定》修订要点一览"，对修订要点和主要修改内容进行了图解说明。

3月31日，随着新规定即将施行，上海警方在其政务发布平台进行了提示和要点解读，指出新规定在原有居住在上海的本市户籍人员、外省市户籍人员基础上，将短暂来沪停留的人员也纳入了服务管理，包括来沪就医、就学、旅游、公务活动和探亲访友等停留超过24小时的人员，但不包括"一日游"和公务活动当天往返，以及交通中转等人员。

上海警方的政务发布引起媒体关注，东方网、中新网、新华网等上海本地主流网站、国家级通讯社以及网络媒体对新规定进行了报道，迅速引爆网络和社交媒体平台。

二、舆情处置

面对媒体报道和网民关切，上海市政府官方网站刊发题为《网传"在沪停留超24小时所有人员需强制登记"系误读!》文章，针对网民对"来沪人员短暂停留是否需强制登记"的关注，指出：《规定》

明确将短暂停留的来沪人员纳入实有人口范围，旨在提升实有人口服务效能，个人可以根据需求自主、自愿登记，不作强制要求。

与此同步，市政府新闻办协调相关部门进行联动处置，对正确解读进行推送，以正视听。此后，舆情逐步平复。

三、相关启示

政务舆情往往因其涉及党和政府的社会治理以及相关问题，如社会公众普遍关心的问题，一些甚至事关重大社会舆论关切和敏感事件，因而政务舆情具有议题的重要性、信息的权威性、回应的紧迫性、影响的广泛性等特点，需要引起党政部门高度重视。

从引发政务舆情的主题和原因来看，包括几种类型，如涉及重大政策措施的误解误读、涉及公众切身利益且产生较大影响、涉及严重冲击社会道德底线等。就本案例来看，此次即将施行的《上海市实有人口服务和管理若干规定》引发误解、误读，甚至引发舆论质疑，主要有如下两个方面原因：

一是相关部门在进行发布政策时，未能同步进行全面解读和有效传播，失去了对相关政策的解读权和定义权。虽然早在当年3月8日，上海市政府办公厅即在上海市政府官方网站对《规定》进行了图解式的解读，但或许受发布渠道、距政策正式施行还有一段时间等因素制约，并未引发媒体和网络的关注。3月31日，上海警方政务发布在新规定施行前一天再次进行了发布，在发布方、发布渠道及相关权威媒体报道等综合因素作用下，新《规定》迅速引起媒体和网络的关注。但遗憾的是，此次发布并未就政策新规进行详细解读，因政策措施解读不到位、不清晰，经媒体报道放大、网络断章取义甚至刻意曲解后，引发公众误解，从而迅速激化成一起政务舆情危机。

二是相关部门在政策发布和解读时，未能从媒体和公众的角度出发，对可能引发的风险和误解进行预判，并提前进行针对性解读。与之前的版本相比，新《规定》扩大了“实有人口”的范畴，从之前在上海“居住”改为“居住或停留”，但对何为“停留”却没有明确规定。不仅如此，新《规定》大幅度提高了单位不按规定登记信息的处罚幅度，由原先的“200 元至 1000 元”提高到“500 元至 5000 元”。但遗憾的是，无论是政策制定者还是政策执行者的解读，都没有提前预判政策会被断章取义式报道，没有预判到网络舆情会刻意曲解，将信息登记的主体责任由单位改为来沪个人，“到上海探亲访友停留超过 24 小时要强制登记”“最高罚款 5000 元”等误解经网络和社交平台放大后，自然迅速引爆网络。

此案例启示我们，政务舆情因为寄托了公众对党和政府社会治理的期盼，与公众利益有诸多关联，回应政务舆情，既不能因为舆情信息的“幼稚”“不合常理”等而不屑回应，也不能因为舆情信息含有“敏感”内容而不敢回应。只要公众存在疑问，往往就会变成舆情和情绪发酵的空间，容易发展成为激化舆情传播、扩散、发酵的“酵母”。唯有本着公开透明、及时回应、实事求是、依法处置、人文关怀的原则，赶在舆情发酵、变异之前去主动回应，去释疑解惑，才能真正引导舆论，实现有效治理。

案例8：静安区积极应对常德路店招店牌事件

近年来，全国各地在城市建设、改造与管理过程中，出于提升城市品质、彰显城市风貌及地域特色等诸多考虑，相关主管部门对沿街店铺的招牌进行了规范和指导。但少数主管部门逾越依法行政的底线，通过行政命令强制指定统一格式的招牌，推荐方案缺少美感，让店铺招牌失去了个性，甚至一些指定风格配色怪异丑陋、有碍观瞻，引发市民不适，全国各地陆续出现了类似舆情。

一、舆情概况

2019年3月24日10时，新浪微博某网友发帖吐槽上海市静安区常德路店招店牌设计不美观，并配有一张现场照片，同时"@"知名上海本地博主。在知名上海本地博主与网络大V的纷纷转发下，该事件引发大量网民的关注和讨论，舆情迅速升温。至当晚23时，该条微博转发超1万次，评论近3千条。与此同时，微信公众号"魔都囡"也推送文章《毫无疑问！论全球市容招牌设计水平，上海常德路最美！》，该文阅读量很快达到10万+。此外，篱笆网、宽带山论坛等本地论坛也出现了相关帖子。

该舆情信息被各大网络平台广泛传播，引发大量网民的关注和讨论。总体而言，绝大多数网民对该事件持批评和质疑的态度，认为这种店招设计缺乏美感，令人感到不适。随之而来的是网民对政府的治理能力和治理手段的不满与质疑，并表示这种一刀切的做法是标准的懒政行为。

（图片来自网络）

二、舆情处置

静安区相关部门在监测到该舆情信息之后，迅速开展应急处置与信息发布工作。

（一）及时发声，正面应对

3 月 24 日晚 23:58，静安区总工会微信公众号“静工汇”连夜对此事进行了公开回应，表示区总工会对事件高度重视，诚恳接受网友意见，并责成区工人文化宫及时整改。3 月 25 日凌晨 00:22 和 00:25，“上海静安”官方微博和微信也分别同步转发了区总工会的回应原文，表明官方立场。@头条新闻、@人民日报、@新闻晨报、@环球时报、@中国新闻周刊、@新华网等媒体官微纷纷转发静安区相关部门的官方回应，让更多网民看到静安区积极回应网民关切的态度。

在线上回应的同时，常德路的店铺招牌也被及时撤下，并进行整改。

（二）态度诚恳，积极整改

常德路店招的统一装饰风格和另类画风，不仅没有达到美化市容的效果，反而引发了市民不适与反感。区总工会的回应内容虽然只有 100 字左右，但准确描述了事件经过，并诚恳认错，虚心接受网民意见，主动承担责任。有作为、敢担当的态度得到了网络大 V 和媒体的一致好评，有效平复了网民情绪，延缓了舆情进一步发酵。与此同时，区总工会第一时间承诺责成整改，将问题店招店牌全部撤下，迅速响应的做法得到了广大网民的肯定。

（三）持续监测，实时保障

自 3 月 24 日事件发生起，静安区相关部门便开始对常德路店招事件展开 24 小时不间断的舆情监测，实时关注舆情动态。根据舆情动态撰写舆情报告，向区领导汇报事件最新进展情况。区主要领导根据舆情报告部署各项工作，各部门统一协调、联动，共同推进常德路店招事件解决。4 月 27 日网络舆情基本趋于平稳。

（图片来源：青春上海网站）

三、相关启示

相较近年来全国其他地方发生的类似舆情，关于此次舆情的公众质疑也比较类似，主要集中在如下几个方面：一是黑底白字的设计缺乏美感，令人感到不适；二是对统一店招的政策不理解，质疑相关部门的管理水平及浪费相关经费；三是店招风格“一刀切”抹杀商店个性，影响店铺生意。从舆情处置与舆论引导的成效来看，静安区相关部门在此次事件中表现出的行动力得到了网民的认可，连夜回应网民关切，虚心接受网民批评，回应主动及时、表态明确诚恳，不回避、不推脱，积极承担责任，有助于快速平复舆情。作为类型化的政务舆情，本案例处置和引导有诸多启示。

（一）及时正面回应，主动引导舆情

政务舆情因为涉及主体为党政相关部门，其根本原因是其出台的政策、施行的措施或关系到广大公众的利益，或冲击社会道德底线，或给公众带来审美、情绪等不适，主动及时地发布官方表态及权威信息，直面问题明确回应是有效制止负面舆情扩散的重要手段。“鸵鸟”式的逃避只会使得谣言满天，加剧网民的负面情绪扩散，甚至可能被恶意引导或利用，致使局面更不可控。在负面舆情发生之时，抓住时机及时发布官方消息，主动引导舆论，能够有效遏制谣言的产生，平息网民负面情绪。

（二）态度诚恳真诚，广泛听取意见

相关部门在出台政策、开展服务和管理过程中出现瑕疵、失当、问题引发公众的误解、质疑和批评时，相关部门在表态或发声中，态度诚恳显得尤为重要。网络舆情很多是情绪化的，网民表达观点和诉求时也常容易激动，相关部门在回应时切不可抱着“怼”的态度，否则只会使局面变得更紧张，扩大双方的对立。处置主体部门应本着诚恳的态度、倾听的姿态，采取切实有效的行动，快速安抚网络情绪，给网络舆情快速降温。

（三）部门协同配合，高效处置舆情

政务舆情往往会涉及多个党政部门，如政策措施的决策部门、执行部门、协作部门等，但普通公众往往常常简单归结为地方党和政府，而不会具体指出明确的责任部门。这给相关部门的舆情处置提出了更高的标准，要求增强站位意识、补位意识，在主动担责、积极回应的同时，也要强化部门协同，既不能“单枪匹马”，也不要“踢皮球”“神仙打架”。在处置政务舆情时，各部门分工明确、统一行动，是高效处置舆情的重要保证。

（四）开展前置沟通，广泛征询民意

此次常德路店招事件在全国政务舆情舆论场中，并不是一个孤立事件，而是一个高发频发、类型化的舆情事件。无论主管部门出于何种善意、作出何种努力，全国各地频发相似的舆情，还是切切实实地刺痛了公众的神经，在潜移默化中强化了公众对相关部门乱作为的刻板印象，甚至被有关专家和网民评论为拉低了整个中国社会的审美水准。此类问题最有效的解决办法，应该还是相关部门在政策制定、出台过程中，多角度、多层次、全方位地征询专家和社会公众意见，尽最大力量使得每一项政策都取得群众的理解和认可，将后续产生负面舆情的可能性降到最低。

案例9：某三甲医院医生与警察冲突事件的舆论引导

社会公众普遍关心的热点、难点、痛点、敏感点等问题，往往是政务舆情议题集中的领域。一些特殊的群体，如官员、医生、警察、教师、专家等，一旦成为舆情的涉事主体，很容易成为网络舆情的热点话题。此类舆情一直是政务舆情信息发布与舆论引导的“硬骨头”，是党政部门必须高度重视的议题。刻意回避，或顾左右而言他，不仅削弱了政务舆情引导的效果，也会降低党政部门的公信力。

一、舆情概况

2019年4月25日，网上的一则题为“拒绝插队引发矛盾，＊＊医院专家竟被戴上手铐带走”的帖子引发了舆论的广泛关注。据网帖信息，24日下午，上海＊＊医院胸外科主任医生赵某在接诊过程中与患者陈某及其家属韩某产生纠纷。现场排队候诊患者较多，医生赵某多次要求陈某与韩某等候之后，韩某在医生办公室与医生赵某发生言语争执，继而产生肢体冲突。

属地公安分局在接到患者陈某报警后派警员到达现场，民警先行将陈某与韩某带回派出所进行调查，之后要求赵某也到派出所配合调查，赵某因候诊患者太多而拒绝，民警对赵某进行口头传唤，赵某再次拒绝。随后，民警强制将赵某带离，期间赵某与民警发生了肢体冲突。

事发现场引发患者和医护人员围观，并有人录下视频，视频于次日一经网上传播，因既涉及医患关系的敏感话题，叠加涉事主体医生、警察等特殊群体，事件立即引发广泛关注。

二、舆情特点

此次舆情事件并没有引发严重的人员伤亡和财产损失，但由于事件议题属于医患纠纷这一热点话题，涉事主体为医生、患者、警察等特殊群体，舆情信息一经出现在网络上便引发广泛关注。该话题迅速登上微博热搜，“＊＊医院”的百度搜索指数也开始飙升，并于4月26日达到顶点。

此次事件也引发舆论场分化，围绕涉事患者、医生及执法民警，进行了激烈的讨论，出现了不同的声音，有表达同情和声援，也有表达愤怒和谴责。不仅如此，事件还引发医生和警察两大群体的对立，中国医师协会在官方微信号发文强调要“尊医重卫”，一些传统媒体介入刊发题为《探访医生被铐走事件后的＊＊医院　医护人员：心里很没安全感》等类似文章，进一步加剧了舆论对立。

三、舆情处置

（一）事实通报与回应关切

面对网络关注，上海某区公安分局在完成事件调查后，于4月26日通过官方微博发布了通报。通报详细介绍了事件发生过程的具体时间节点，包括患者陈某与家属韩某4月24日上午到某某医院挂号、中午首次就诊、下午再次就诊、与医生产生冲突、患者报警、警方现场处置等确切时间，通报同时也确认了患者家属与医生之间确有肢体冲突、患者家属韩某受伤、医生和民警也有肢体冲突等事实情况。

对于舆情关切的核心问题，即警方为何要强制带走医生赵某，通报详细说明了民警两次要求医生到派出所配合调查却被拒绝的经过。民警现场等候20分钟，赵某仍拒绝去派出所，之后民警采用口头传唤方式，仍然被拒绝，在这种情况下，民警有权强制带离。通报解释了民警现场的处置符合《中华人民共和国治安管理处罚法》和《公安机关办理行政案件程序规定》等法律法规。

对于网上的传言，通报也做出了明确的回应，澄清了相关事实，如：患者并非无理插队，而是预约就诊；医生赵某并非是在未涉嫌违法的情况下被民警直接戴手铐带离等。

(二) 主流媒体舆论引导

此次舆情，舆论关注的焦点是医生和警察两大群体。警方的通报还原了事件的详细过程，但如何缓和围绕两大群体的舆论争议，还需要进一步强化舆论引导。为此，上海相关主管部门通过媒体采访的方式，对当事医生和警察进行采访，采访后的新闻稿在澎湃新闻官方账号登出，并被大量转载。

此次采访披露了事件更多的细节信息，双方在还原事件的过程中，增强了对各自职业的了解和尊重，表达对患者及其家属的体谅和理解，同时，也提高了对各自现场行为、处置方式不妥之处的认识。此次采访直接从涉事主体的角度明确了事件更多的细节，呈现了理解和谅解，并反思了自身的不足和改进的方式，这些内容对引导舆论走向有着重要的积极影响。

四、总结与反思

相较医患纠纷类舆情，本案例还叠加了医生与警察的关系，增加了舆情处置与舆论引导的复杂程度。除事实层面的回应外，还应考虑到医生、警察等特殊职业群体可能引发的舆论关注。处置引导此类舆情，需要从更高站位，从平衡整体社会舆论等角度出发，进行综合考量。

从这个角度看，相关部门在警方的通报之后，组织媒体通过对涉事双方当事人进行采访的方式，通过双方当事人对整个事件的“复盘”，立体还原了事件的全面过程。更关键的是双方当事人在全面检视各自职业特征和规范要求的基础上，能够换位思考，从对方角度，从患者和患者家属角度，对自己的行为进行检讨和反思，增进了理解，达成了共识。借助于媒体报道，将事件过程和当事人自我分析、认知呈现给公众，有助于弥补因事件带来的舆论场分裂，增加社会共识。

正是因为涉事主体在接受媒体采访中，能够换位思考，能够站在对方的立场上思考问题，充分体现了人文关怀和人文精神，才有效地化解了双方冲突。这也再一次启示，对于涉及社会热点、难点、痛点、敏感点，以及弱势群体的政务舆情处置与舆论引导，人文关怀、人文精神是妥善处理危机事件、化解冲突、增加共识的不可或缺的因素。

此次事件也给相关部门提了一个醒：在处置舆情事件时，需要采取合理、合法的措施，需要时刻警惕处置过程中可能引发的次生舆情、次生危机。在本案例中，当医生与患者及其家属发生矛盾冲突影响正常诊疗工作时，医生或医院应及时报警，由警方介入进行调解；当警察到达现场后，在依法合规处置的同时，也要考虑到医院这一特殊场景，以及医生、患者等特殊群体，在合法处置的基础上，兼顾合理与合情。

第六章
政务新媒体发布的运行与创新

当前，数字化正以不可逆转的趋势改变着人类社会生活。上海作为超大城市，人口多、流量大、功能密，城市建设、发展、运行、治理等各方面情形交织、错综复杂，充分运用数字化方式探索超大城市社会治理新路径，全面推进城市数字化转型，加快打造具有世界影响力的国际数字之都，让市民享受到更具品质、更加美好的数字生活。

就新闻传播而言，信息获取、生产、传播等过程日益数字化，互联网全方位融入社会发展与日常生活，以移动互联网为代表的网络日益成为信息传播和意见表达的主渠道、主平台。在新的传播格局下，新闻发布工作的传播理念、功能、渠道和方式发生了显著变化。党政部门积极利用微博、微信、短视频等新媒体，及时发布各类权威政务信息，成为常态。尤其是涉及公众重大关切的政策法规、公共事件等信息发布，充分发挥政务新媒体功能，及时、便捷地与公众互动交流，成为信息发布与舆论引导的有效手段。

一、政务新媒体概况

(一) 政务新媒体发布的现状

新闻发布会、媒体通气会等发布方式，因权威性高、公开面广、互动性强等特点，深受发布方与媒体的欢迎，但因受发布题材要求高、准备工作复杂、发布团队工作量大等因素制约，一定时间内发布会的数量受到一定限制，不可能无限制提高。在此情形下，在线下发布方式量、质并举的同时，党政部门充分拓展微博、微信、短视频等网络传播方式进行新闻发布。政务新媒体已经成为党委、政府开展政务发布与舆论引导的主阵地，也助力普通民众参政议政。

目前网络发布、政务新媒体发布的形式主要有：

1. 通过党和政府网站发布新闻信息

在官方网站上发布党和政府的重要文件、报告和其他信息，上传新闻发布会的多媒体记录等，成为政务信息发布的重要形式之一。其特点是：制作、传播成本低，及时发布，滚动发布，留存时间长，有需要者可随时搜索并获取。

2. 通过政务微博发布新闻信息

微博作为媒体属性强的网络社交平台，是网络信息发布、传播与舆论发酵、扩散的重要途径，是突发事件传播的重要媒介。通过政务微博进行政务发布，是信息发布和网络问政的重要平台和重要渠道。其特点是：制作成本低，传播成本低，及时发布，实时更新，传播便捷且范围广，传播速度快，反馈及时，互动直观。

3. 通过政务微信发布新闻信息

通过政务微信进行政务发布，是当前政务新媒体的主渠道主阵地。微信作为一种即时通信工具和社交工具，因其覆盖主流人群，打开率高、日常依赖性强，具有强烈的社交属性与圈群特征。

政务微信的群发推送和功能服务接口，为党和政府借助新科技手段履行服务职能和舆论引导提供了新思路、新途径。其特点是：制作成本略高，传播成本低，精准传播，圈群传播，传播速度快，具有交互性。

4. 通过短视频政务发布新闻信息

随着短视频平台与应用的不断普及，党政机构纷纷入驻短视频平台，开设短视频政务账号，发布信息，引导舆论。其特点是：制作成本较高，传播成本低，直观形象，通俗易懂，传播速度快，易为公众接受，但适合的题材内容相对受限。

（二）适合采用不同新闻发布渠道的题材

在新的网络传播格局和舆论生态下，党和政府的新闻发布不应拘泥于线下的发布形式，而应根据不同题材选择不同的发布渠道，以达到较好的新闻发布效果。

（1）对于政策法规或其他重要文件的全文内容，适于放在官方网站，以供需要者随时全文查阅。

（2）对于需要实时跟进、不断更新最新进展的内容，适于在政务微博平台发布，不受时间、篇幅和发布次数的限制。

（3）对于涉及百姓民生的重大事件，适于在政务微信平台上发布，可点对点送达，传播精准。

(4) 对于需要寓教于乐的科普知识等，适于在短视频平台上发布，可扩大传播，提高效果。

新媒体形式	特　　点	适合的发布内容
微博新闻发布	即时性、单条传播属性	需要不断更新进展的信息，有较强的全国性传播需求
微信新闻发布	归纳性、精准性	涉及本地的重大民生政策信息
微访谈	互动性、逻辑性	需要实时解疑释惑的信息
网站信息	易检索、完整性	重大专题、法律法规普及宣传
短视频政务发布	趣味性、娱乐性、情绪性	科普知识、活动宣传等

二、微信新闻发布的运行及操作

（一）前期准备

微信新闻发布既可独立发布新闻信息，也可配合新闻发布会发布信息，在新闻发布会的会中或结束时，一次性发布全部或部分内容。虽然不需要滚动报道，但由于操作时间非常有限，前期工作也非常重要。

1. 发布全稿

素材稿仍然是主发布单位事先准备的发布内容，经过主发布单位与新闻发布组织者充分沟通后修改形成。微信发布团队需要在发布会前提前获取素材稿，并分主题进行重新归纳整合，每段文字不宜太长，以文字颜色或背景色块的方式加以区分。

2. 配合图解

微信主要依赖手机阅读，偏长的纯文字传播效果不好，不但要通过小标题和色块提纲挈领，而且最好辅以图解等形式提升阅读体验。

值得注意的是，过长的图片一次性发布，效果也未必佳。在微信中，最好将长图片（包括图解）拆解成几张小图，做无缝拼接或者配之以小标题再行发布。

3. 视频内容

视频可以通过微信后台上传方式直接插入正文中，必要时，可以单独制作视频微信，提升打开率和播放效果。

（二）现场流程

1. 人员安排

在不进行微博直播的情况下，微信可在后台由文字编辑操作，提前准备好微信稿件，报审后待主发布结束即可推送。

如果要同步进行微博直播，应当专门设置微信制作岗位，及时将微博直播内容，添加到微信推文中去，并采用适当的微信模板完成排版。

2. 发布流程

微信发布和微博发布常常同时进行。必要时，在整理微博文稿并逐条发布的同时，微信发布人亦可同步进行微信内容的编辑。

根据实际情况，发布人可重新安排新闻发布的时间线，而以主题为参考分门别类，放在不同的框里，配以图片、音频、视频，并以字体颜色和背景色块的方式加以区分。通常来说，发布会结束的时候，微信也基本编辑完毕，稍加调整后即发给把关人。把关人审稿通过后即发。

（三）特点及注意事项

微信发布与微博发布的一个重要区别，就是它并不采取逐条滚动发布的模式。单条来说，发布时间要晚于微博，但是一次性发布的完整性较高，可提示此次发布的核心思想，不容易产生误读。

由于一次性发布的内容较多，微信发布对编辑技巧要求较高。发布人要善于归纳总结，并合理运用多媒体形式进行穿插。在遇到“问答”“案例”等附加发布内容时，可等发布会直播实录公布后，从中摘编相应问答内容，制作并报审后，再推送，形成第二次传播。

三、微博新闻发布的运行及操作

（一）前期准备

微博新闻发布既可以独立发布新闻信息，也可以与新闻发布会等方式结合，在新闻发布会进行中，以微博的方式对主发布内容及其问答环节连续不断进行发布，通常比较适用于公众普遍关心且时效性较强、有直播需求的发布内容。由于现场新闻发布频率非常快，所以政务微博在配合发布会发布信息时，前期准备必不可少。

1. 素材稿

素材稿即主发布单位事先准备的发布素材，经过主发布单位与新闻发布组织者充分沟通后修改形成。微博发布团队需要在发布会开始前提前获取素材稿，如采取一般微博的形式，需根据主题将其拆解为几条，每条控制在140字左右；如采取长微博的形式，则不受字数的限制。每条内容可用如下格式呈现：

【标题】# 直击发布会 # 正文

在首条微博中，通常要介绍此次发布会的名称，主发布的单位及其发布人。在最后一条的末尾加上“本次发布会到此结束，感谢关注”之类的字样。

2. 图文采集

现行的新闻发布会基本以文字为主，少部分辅之以简单的图片。考虑到新媒体传播的特点，微博发布需以更多元化的媒体形式来呈现。拿到素材稿之后，微博发布团队应根据实际需要采集相应的图片、表格、音频、视频。如果政策复杂、难以理解，还应提前制作图解、GIF动画等，以达到更好的传播效果。

不管是哪种媒体形式，所附加采集的内容要么来自主发布单位，要么经主发布单位审核，并根据现场实际发布内容核对无误后方可对外发布。切忌不经沟通擅自制图解读，以免造成政策的误读。

3. 软硬件准备

重大事件的新闻发布会，到场记者较多，微博发布需提前勘查场地，准备好5人左右的桌椅，准备好相应的网络设备。考虑到现场网络可能会阻塞，需携带至少两家运营商的网络设备，以备不时之需。

为保证交流方便，还可开设专门的即时通信群（比如微信群），便于修改、讨论、审核稿件。

（二）现场流程

1. 人员安排

一次完整的微博新闻发布，现场的工作人员建议安排5人（重要场合建议配备6人）：

1位“把关人”——整个微博发布的核心人物，主要负责稿件的最终审定及拍板。

1位“发布人”——主要负责汇总、润色文字编辑编好的微博文稿，经“把关人”审定后负责在微博平台发布，同时点对点回复网友较为私人、比较细节的问题。

2位“文字编辑”——主要负责现场听录问答详情，轮流整合编辑140字左右微博文稿。重要场合建议增加到3人。

1位“速录员”——负责将听到的问答完整记录下来，并交给文字编辑。

此外，后台应安排一名编辑人员实时关注网友评论，进行及时回复。

2. 发布流程

由于已提前拿到素材稿，主发布内容大致明确，现场只要根据发布的节奏发出即可。但须留意，在不少场合主发布单位常即兴脱稿发布，这时需要根据实际情况对微博发布内容进行修改和增减，并与主发布单位审核人员确认后发布。

问答环节是微博新闻发布的重头，由于无法事先准备，需要现场即时即录。一般来说，步骤如下：

○ 速录员快速将信息贴给文字编辑

○ 文字编辑整合修改后交给发布人

○ 发布人核对润色后交给把关人

○ 把关人审定后再交还给发布人

○ 发布人点击发送

如果现场控制人数，速录无法进场，可以使用音频信号传回后台方式操作。如现场不具备相应条件，则须依赖文字编辑边听边整合，对文字编辑的应变能力要求更高。

（三）特点及注意事项

微博不限制发布条数，最适合实时滚动发布，特别对于一些公众广泛关注的热点问题，发布会的每一个回答都会激起网友的热烈讨论。这种单条发送的方式可以在短时间之内对舆论场进行“轰炸”，达到迅速引领舆论的效果。

但这种发布方式也有弊端。微博单条传播的属性，如果采用一般微博的形式，致使其每一条都难以完整呈现发布会的全貌，容易被断章取义，甚至可能会因为某一条的发布角度欠妥引发负面舆情。因此在采取一般微博形式将发布稿切成几条 140 字的信息时，切忌将一些容易引发争议的内容单列。比如，介绍某次重大事故的处置，如果把各级领导的关注单列一条进行发布，很容易给网友造成“只见领导、不见群众伤亡和处置措施”的误解。一些重大事件发布，为了确保信息的完整传播，可以考虑采取长微博的形式，完整发布新闻稿。

此外，微博发布的频率也需谨慎控制。疲劳轰炸容易引发网友对于“刷屏”的反感，尤其是一些不那么受市民关注的议题，不建议拆分条数过多，更不要将一些套话连续发布。否则不但难以得到预期设想的效果，还容易被网友取消关注，得不偿失。

（四）其他微博发布形式：长微博及头条文章

一般微博除了140字的正文内容外，还可以附加若干图片，是微博文字的补充。长微博突破了字数和排版的限制。

制作长微博总的要求是，以手机一屏不需左右移动就能看清楚为宜，可考虑使用固定的长微博宽度、固定的字体和字号、固定的风格来发布，以利于官方政务微博账号的形象设定。此外，一般还应标上水印和LOGO。

1. 文字长微博

文字长微博最为常用，特别适用于无法在140字中完全表述但又非常重要的内容，比如条例、法规等重要政策，在篇幅允许的情况下，尽量把全文放在长微博中；同时把重点内容标黑，使其更加醒目；还要注意格式清晰、易于阅读。

2. 纯图片长微博

纯图片长微博比较适用于发布某一建筑、活动、景点等信息的微博，比如各种节日的图集、展览活动的图集、公园景色的图集等。一般以 4 图、6 图或 9 图为佳。

可以使用照片也可以使用手绘图作为附图，但都须注意图片的清晰度，一切以网友的阅读体验为参考。

3. 图文长微博

图文结合的长微博也是较常用的一种长微博形式，图片和文字互相穿插，图片作为文字的补充，特别是一些涉及具体物品、具体地址等的内容，适宜插入照片、地图、示意图等，使其更为直观、形象。

此外，对于排版比较复杂、篇幅特别长的内容，也可以通过发布头条文章的方式，实现长微博的效果。微博中的“头条文章”的编辑方式类似于微信“公众号推文”的编辑方式，可以作为微信内容同步导入微博的便捷载体。

四、短视频政务发布的运行及操作

（一）坚持定位：权威发布、及时回应、本地内容

近年来，各类短视频平台快速兴起，吸引了众多年轻用户参与，甚至成了一种新的生活方式。这种现象引起了各级党政部门的高度关注，陆续开设政务短视频账号。2020 年 1 月 16 日“上海发布”抖音号正式上线，随后开通了微信视频号，2021 年 4 月 15 日推出

了以“上海发布”领衔的上海快手政务号矩阵,2023 年 10 月 24 日,以短视频、图文为主要发布形式的“上海发布”小红书官方号“兔小布”上线试运行。

“上海发布”官方短视频平台账号从开设之初就没有一味注重粉丝数、点赞数等数据,没有为博人眼球而刻意搞笑,更没有为了流量而四处蹭热度。具体做法:一是坚持一贯的价值定位,以重要政策的权威发布、重大突发事件的及时回应为使命及核心竞争力;二是立足上海,以发布本地相关内容为前提,让用户一看就知道这是“上海发布”;三是内容上以点带面、精致感人,力求“一滴水折射出太阳的光辉”。

(二)制作运营:视权威如生命、视服务为基石、视时效为准绳

短视频传播同样力求以最快的速度,用最简短的话语,传递最准确的信息。及时有效传递权威信息是“上海发布”的追求,在短视频的制作与运营中,“上海发布”更是视权威如生命、视服务为基石、视时效为准绳,力争用最短的时间传递最新的讯息。短视频的操作模式与图文发布完全不同,为避免内容同质化、减少相互干扰,单独设置了短视频运营团队,并经过工作流程不断打磨形成了高效快捷的工作机制。

工作人员在拿到发布口径、背景材料及图片、视频等素材后,首先要站在市民的角度对信息做一个预判,即市民对这样的信息有没有需求,会不会感兴趣,表达方式是否能为受众接受;其次,要迅速把文字化的材料内容,通过匹配素材、重新剪辑、配乐音效及字幕

等，迅速转化为视频化的呈现方式。注重表达方式和话语体系的转变，恰恰是政务短视频制作与传播的一个难点。

值得注意的是，在各短视频平台的运营中，“上海发布”并没有将同一内容进行多渠道分发，而是根据各平台的特质、应用场景及用户需求，制作和呈现契合各平台风格调性的内容。

(三) 突出功能：城市形象宣传、传递社会正能量

短视频内容天生适合在短视频平台上推送，但政务短视频更适合发布哪些内容呢？“上海发布”在运营抖音平台时，深刻体会到抖音号非常适合城市形象宣传和传递社会正能量，因而围绕政策宣传解读、社会正能量、上海城市形象推介等开展内容制作，并希望让更多生活在这座城市的人更爱上海，也让更多的人通过这个窗口认识上海，这正是“上海发布”官方抖音号的真正价值。

为展现上海城市形象，宣传好上海家门口举办的体育赛事，让市民沉浸式感受体育运动的魅力，“上海发布”以可视化的形式，对2024 年 F1 中国大奖赛这一重大赛事进行宣传发布。其中，制作 1 分 36 秒原创 F1 预热歌曲，用热血沸腾的旋律，呈现 F1 引擎轰鸣的世界；与中国首位 F1 正赛车手周冠宇对话，从选手的角度宣介上海；实时发布比赛结果，为市民带来第一手的比赛信息。

在抖音平台上，“上海发布”用短视频记录了魔都的点点滴滴，给大家带来最及时的民生资讯、最旖旎的上海风光、最温暖的城市瞬间、最酷炫的时尚“打卡”地，告诉受众上海又发生了这些新鲜的事情、生活中可能需要的实用信息、上海那些独一无二的风景。如

《魔都美食集锦》和《魔都秋日美景》系列，介绍了南翔小笼、鞋底年糕、梨膏糖等上海的非遗美食，记录了落叶不扫等上海秋季的别致景观。每年秋天，落叶把申城装扮得绚丽多彩，形成了一道别具韵味的城市风景线。如发布非遗系列视频，从 2020 年 12 月 15 日发布第一条非遗视频《真如麦秆画》起，到 2023 年 4 月 11 日最后一条《琉璃烧制技艺》，"上海发布"抖音平台共发布非遗专题作品 76 条。

"上海发布"非常重视在视频平台上开展各类专题活动。如搭建《上海在你眼前》合集，展现上海美景；搭建《上海模子》合集，展示正能量暖新闻，体现上海温度；搭建《声动长三角，方言大家说》合集，结合二十四节气与长三角各地方言讲述传统习俗。

五、其他网络发布形式

(一) 图解发布/动画制作

在读图时代，图片对网友的吸引力远大于文字。许多市民对关乎自己切身利益的政策非常关注，但若只是把全文贴在微博、微信上，势必会影响政策宣传的影响力，也会相对地减少关注度。而图解既能吸引读者注意，又能清楚、直观、简要地把政治重点用图的形式表现出来，网友阅读体验更好。

1. 适合做图解的题材

政策法规条例。特别是与百姓生活密切相关的，比如中高考新政、公积金计算方法或提取方法、社保政策、查处车辆非法客运若干规定、应对极端天气停课安排和误工处理、轨交乘客守则等。

这类题材的图解特别要注意准确性，不得随意更改表述，一切以原文为准。制作完成后，应当请主管部门审核把关。

统计调查。特别是包含较多数据的调查，用图解更加形象、直观、易懂。

这类题材的图解数据是关键，可用饼图、柱状图、趋势图等各种形式来呈现，数据准确很重要，同时还可添加一些与数据统计相关的图片，增强可看性。

地图类。比如交通管制、新建或改建路段、公交车改道等。

这类题材的图解会较多用到地图，在使用商业化的地图网站时，要避免因更新不及时而出现错误，尤其要注意规避使用政治性问题的地图。这类图解，完成制作后除需要给信息提供方审核外，也可请测绘部门核实后再发布。

时事热点。比如市两会时期的"一张图了解上海两会：市人大、市政协"；中国国际进口博览会举办期间，以漫画长图的形式介绍进博会各大展区里来自世界各地的高精尖科技、首发产品以及多样美食等，分享种草笔记，盘点全球好物。

2. 图解形式

流程图。以文字为主的图解，将大段的文字根据内容整理表现出来。

图表。适合数据较多的内容，可以特别将一些涉及增加或减少、比某一时期翻几番的内容直观地表现出来。

手绘图。对美编要求较高，有较多自由发挥空间，能够彰显官方账号的风格。

图解应当尽可能压缩文字量，特别是要将核心内容归纳提炼，以图形化的形式表现出来。

3. 动画制作

主要为GIF格式的动画形式，可同时用于微信和微博，表现形式上更为有趣，比较适合较为轻松休闲的内容，比如放假安排的GIF动画、节气的GIF动画等。为做好重要时政信息的创新发布，“上海发布”策划制作了《十四届全国人大二次会议怎么开？3张动图告诉你！》《一笔一画，请你一起来勾勒上海市第十二次党代会报告亮点》等微信报道，采用动图+文字的形式为网友介绍会议形式、决议内容等信息，简明易懂的语言和图文进一步拉近了时政报道和网友之间的距离。

（二）音视频发布

音视频增加了微博和微信等政务新媒体发布内容的表现形式。

在微博中，视频可直接上传，音频发布的题材一般是歌曲、有声读物等；视频发布的题材一般是活动、宣传片等。

在微信中，音视频均可直接上传到素材库，可直接插入正文，也可单独制作视频微信推文。

（三）H5页面发布

H5是由HTML5简化而来，它将图、文、动画、音频、视频等媒体形式进行组合，突破了传统的内容表现形式，具有趣味性、交互性。

H5页面形式多样，表现方式灵活，不受内容篇幅的限制，超越了微信传统的表现形式。但H5页面是一个网页链接，无法直接嵌入微信页面，只能通过“阅读原文”链接跳转；而且由于其是独立的网页链接，可直接转发和传播，不再需要通过原来的微信，这样一来，H5页面的转发量，就无法通过微信后台进行统计。

H5页面适合发布一些相对独立的专题，内容表现形式不限，可以由文字、图片、音视频随意组合。比如，“上海发布”根据不同的内容做过的H5页面主题有：全国两会怎么开（人大篇和政协篇）、上海市两会政府工作报告解读等。很多网友表示：这样的政务信息传播形式新颖、真诚、接地气，符合上海的城市形象和品位，可以把政府工作直观生动地传递给市民。

（四）SVG交互式微信

SVG是一种图像文件格式，意思为可缩放的矢量图形。这种动画交互方式可以直接嵌入到微信公众号中。

SVG交互式微信制作成本要低于H5，且无须服务器支撑。用户可以直接在微信推文中打开，不需要二次页面跳转，有助于提高阅读量。但该产品一般仍需委托第三方协助制作。内容可以是文字、图片、视频等多种形式。比如在上海市第十六届人民代表大会第二次会议期间，“上海发布”策划制作的SVG产品《2024年全新启航！政府工作报告描绘上海新蓝图，小布陪你一起探寻！》，通过飞机启航的有趣形式，生动地呈现出政府工作报告的主要内容，受到网友们的好评。

（五）网络视频直播

疫情防控期间，为了避免人群聚焦，保障新闻记者们的安全，特别是在一些区域外媒体记者无法到达新闻发布会现场的情况下，通过网络视频直播的方式，举行新闻发布会，即时发布权威信息，公开透明回应公众关切。

在记者答问形式应用方面，出现了远程视频连线。发布会现场只有发言人及其团队、技术保障人员，新闻记者通过远程视频连线方式进行提问。

在新闻发布会传播形态方面，随着 5G 信号传输的普及应用，短视频传播与现场直播结合，产生了新的传播形态。新闻记者为了拼抢新闻、热点，与当下普及的短视频形式相结合，采取了“直播＋”传播形态。在发布现场，新闻记者根据媒体定位，结合短视频社交媒体风格，对发布会现场具有普遍性、共性的问题，以及热点、难点、焦点问题的回应进行现场直播。

短视频得到充分应用。在移动端现场直播的同时，新闻记者及发布方、组织方也会结合社交媒体特征，对发言人在发布过程中的精彩回应，特别一些佳句剪辑成短视频，进行广泛传播。

（六）发布会海报

为了充分利用微博、微信、短视频等不同平台的特征，扩大新闻发布会吸引力，特别是在系列专题发布中，通过创意设计要点清晰、风格统一的系列海报，生成二维码，并通过不同媒体、平台，特别是微博、微信等社交媒体传播，在发布会前提前预告、提前关注，扩大新闻发布会的传播效果。

“十四五”期间，上海为优化城市空间战略布局，将重点建设嘉定、青浦、松江、奉贤、南汇五个新城，并将“五个新城”首次写入上海市政府工作报告。2021 年市政府新闻办据此组织策划了五个新城专题系列发布会，并设计了系列具有各自新城特色、艺术感的海报，形象化地传达发布会主题和亮点，拉近发布会和媒体、公众的距离。再如，2023 年“高质量发展在申城”系列主题市政府新闻发布会，首次采用手绘设计将 16 个区的地标展现在发布会海报上，结合了新闻性与艺术性。发布会海报给发布会带来一抹新的色彩，发布会海报成为媒体和公众的新期待。一些发布会海报别具特色的艺术设计，甚至成为作品，在一定程度上也体现了上海国际文化大都市的品味和水准。

（七）手语翻译

2020 年 2 月 22 日下午 2 时，上海市新冠肺炎疫情防控系列新闻发布会上，首次出现了手语翻译。这也是手语翻译在市政府新闻发布会的首次现身。

在疫情防控期间，为了让部分听障人士能够在第一时间准确获取真实、权威的疫情防控信息，获取疫情进展和有关政策情况，有利于听障人士更好地应对疫情、做好防护，在新闻发布会现场配备专门的手语翻译，通过新闻媒体（融媒体）、网络平台对新闻发布会的视频直播，极大便捷了新闻发布会场外的听障人士同步获知权威信息。

六、与线下新闻发布的协同配合

微博、微信、短视频等政务新媒体发布形式，是新媒体发展的必然结果，同时也是新闻发布会等线下发布方式的有效补充。

（一）发布速度更快

新闻发布会等线下发布方式需要提前邀请记者，待媒体记者到位后，如抵达新闻发布厅，新闻媒体记者根据发布者发布的内容撰写新闻稿，再通过一系列审稿等环节才能公开发表。

而政务新媒体发布可以在新闻发布会举行的同时实时图文直播甚至视频直播，更为迅速地发布信息。对于一些重大民生事件，以及与市民有切身关系的内容，使用政务新媒体同步发布效果更好。

（二）发布最新进展

线下新闻发布方式，特别是新闻发布会需要前期准备，特别是需要满足一定的线下沟通条件。对政务新媒体发布而言，不仅能够与新闻发布会等线下发布方式同步发布信息，还可实时跟进，可通过与相关部门直接沟通联系确定最新进展，从而及时发布。对于重大社会事件、突发事件，政务新媒体发布实时跟进，发布最新进展，非常有必要。

（三）发布频率灵活

新闻发布会等线下发布方式，需要发布方和媒体记者同处一个空间，或者通过现代通信手段进行信息传输，媒体记者再根据发布方发布的信息进行新闻生产和加工，并通过各自的渠道传播给受众。受发布方和媒体方诸多因素的制约，发布频率受到一定的限制，如新闻发布会，即使重要性再显著，同一主题的发布会每日频率不宜超过 3 场。而对政务新媒体发布而言，则不受这种频率的制约，可以根据事件进展、社会关切情况，灵活调整发布频率。

（四）不受地域限制

线下新闻发布方式一般依赖于新闻媒体，通过新闻媒体再传播给大众，因而受新闻媒体所处地域限制，往往数量有限，很难突破地域的制约。而政务新媒体的新闻发布依托于网络，不受空间限制。对于本地党政信息、辐射全国重大事件的最新进展等新闻发布，使用新媒体发布形式，传播范围更广。

（五）发布形式多样

线下新闻发布方式的直接对象是报纸、广播、电视等新闻媒体，受媒介性质的影响，所发布信息无论是在纸媒上的版面呈现，还是广播和电视上的时长呈现，都受到一定的限制，但在政务新媒体平台上，并没有这类顾虑。而且，政务新媒体平台在信息发布形式上更为灵活，可以有文字详情，可以插入音视频，还可以做成图解等。

思考题七：政务新媒体如何做到创新？

答：

作为上海市政府政务新媒体，“上海发布”目前拥有微信公众号粉丝数超过1300万人。创新是这类新媒体的内在基因，只有不断推陈出新，才能让网友始终“耳目一新”，政务信息也能变得易读易懂、生动有趣。围绕党中央、国务院的重大部署和市委、市政府的核心工作，“上海发布”始终注重创意策划，做好做强时政信息创意解读。此外，坚持“每个创意只用一次，绝不重复自己”，使网友始终保持“眼前一亮”的新鲜感。在对全国两会、市党代会、市两会等重大活动宣传报道中，积极探索新的传播手段和表现形式，或运用SVG互动、小程序制作、H5、动画视频、GIF动图、图解等新媒体表现手法，或完善排版、页面设计、字体等细节，贴心的制作、接地气的表达、生动的画面，常常得到网友的连连点赞，政务信息也能条条10万＋。

除了政务信息发布，“上海发布”开创并精耕了众多广受市民欢迎的品牌栏目，不仅进一步丰富了网友的文化生活，也从“衣食住行说”等多个维度，展现了上海的历史人文、风土人情，为网友认识上海、阅读上海、喜欢上海提供多样化的渠道。

如创办有十年之久的《记忆》《滋味》栏目，细诉上海历史、传授本帮美食，是网友了解上海的“入口”。2020年底推出的《走进长三角》专栏，汇集长三角的政策发布、民生资讯、服务信息。《建筑可阅读》栏目走进街区、走进高校，围绕上海历史保护建筑，详述建筑历史、修缮保护过程等。《二十四节气》栏目年年推陈出新，将节气文化与中医养生、少儿保健、非遗传承、天文科普相结合，打造“二十四节气＋”。《上海闲话》栏目，运用音频＋音标＋插图的形式，结合创意策划，教大家讲讲“上海话”。《一周民生提示》栏目，每周一定时汇总发布本周重要的政策、教育、交通、招聘、文旅等民生信息，增强信息服务针对性，更好地满足了市民网友信息需求。《上海城市映像征集》栏目，每周选择一个时下热点的征集主题，邀请网友加入“小布摄影团”，投稿相关主题照片，搭建一个展现网友心目中上海城市形象的平台。“上海发布”官方小红书“兔小布”于2023年10月下旬开始试运营，10月31日正式官宣上线，截至2024年4月粉丝数量2.3万人，围绕上海资讯、便民信息、旅行攻略、美图摄影等主题，分享趣味且实用的笔记。

案例10:“上海发布”关于市两会、市党代会报道的新媒体产品策划

“上海发布”坚持做好政务信息的创意表达。在市党代会、市两会期间,都会推出不重样的创意策划,让网友在轻松阅读间,了解掌握市委、市政府的工作成绩和工作计划。

如2022年党代会期间,“上海发布”微信推出《一笔一画,请你一起来勾勒上海市第十二次党代会报告亮点》。该创意作品通过SVG互动的形式,通过网友指尖轻触每一张海报,将海报上以上海著名建筑充当的“一笔一画”勾勒出党代会报告中的关键词,再次点击即可查看报告中的详细内容。海报以大红色为底色,融合了上海市市花白玉兰、东方明珠、外白渡桥等网友熟悉的“上海元素”,将肃穆的大会和大气的城市形象完美融合,做到了主题突出、形式生动,简约不简单,受到网友众多好评。

又如2022年市两会期间,“上海发布”微信推出《指尖上的政府工作报告!手绘长图为您描绘2022年上海蓝图》。该创意产品以手绘上海城市漫画为基底,配合轻松欢快的背景音乐,随着画面不断滚动铺展,带网友在画卷中领略上海过去一年的主要成就,讲述未来一年的规划蓝图。

第七章 新闻发布的网络舆情工作支撑

网络舆情是现实民意的风向标，当前，我国已有超10亿用户接入互联网，形成全球最为庞大、生机勃勃的数字社会。截至2023年12月底，我国网民规模达10.92亿。其中，我国网络视频用户规模达10.67亿人，占网民整体的97.7%。①

在这种形势下，认真倾听网民呼声，积极回应舆论关切，妥善化解舆情危机，成为党和政府新闻发布的题中应有之义。为此，各级党政和职能部门要把网络作为体察民情、了解民意、集中民智的重要平台，强化网络舆情工作的各个环节，为做好新闻发布提供充分的信息保障。

这项工作主要包括信息搜集、分析研判、材料撰写、舆情回应四个环节。(见图)

---

① 中国互联网信息中心2024年3月22日在北京发布第53次《中国互联网络发展状况统计报告》。

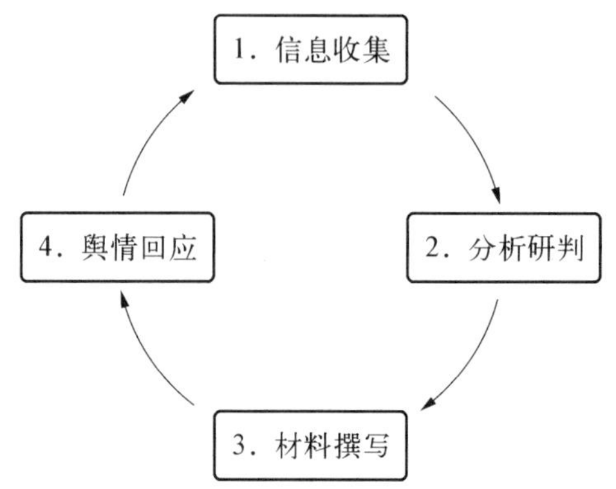

新闻发布的网络舆情工作环节图

一、信息搜集

信息搜集环节是网络舆情工作的基础，要求是发现及时、信息准确、内容全面。做好这个环节的工作要回答 4 个问题：搜什么、怎么搜、在哪里搜、用什么搜。

（一）搜什么

在舆情信息汇集过程中，可以根据需要分门别类地进行收集、整理，从而提高舆情信息汇集的效率，增强针对性和时效性。从内容的角度，可以把舆情信息大致分为以下五类：

（1）公共政策类舆情：主要指涉及包括各种政策、法规、重大活动等方面的舆情。这类领域的舆情往往体现出不同社会利益群体间的态度差异。

（2）经济金融类舆情：主要指涉及经济领域中包括经济政策、经济活动、经济现象和经济事件等方面的舆情。随着我国经济不断发展，经济话题成为人们关注的焦点。

(3) 社会民生类舆情：主要指民生领域中各种社会事件、社会现象与问题在网民中引发的议论和态度。由于这些问题如教育、医疗、住房、养老等与群众生活息息相关，因此容易引发网民关注。

(4) 意识形态类舆情：主要指涉及思想理论、文化艺术、伦理道德、民族宗教等领域的舆情。在日趋多元化的社会中，一些新思潮、新问题不断涌现，及时掌握这类舆情，有利于做好意识形态工作。

(5) 突发敏感类舆情：主要指涉及公共安全、社会稳定等领域的重大突发事件。包括重大交通事故、灾害性天气、校园人身伤害事件、生产安全事件、公共卫生事件等。

网上每天产生的信息浩如烟海，应坚持问题导向，围绕本地区、本部门的相关工作职责，搜集相关舆情信息（见下表）。此外，从近年来的舆情趋势、热点与变化等情况来看，一些涉及公众切身利益、涉及本地市民与外地市民的政策法规等，一些小众话题，如动物保护、女权话题等常常容易引发舆情。在日常舆情搜集中，也需要引起重视。

容易成为网络舆情热点的话题

涉事主体	官员、城管、警察、医生、教师、专家
话题内容	政策法规、涉官涉腐、司法公正、城管执法 社会治安、教育平权、学术不端、道德失范 医患纠纷、贫富矛盾、弱势群体、事故灾害

（二）怎么搜

信息搜集分为前瞻式搜集和回溯式搜集。前瞻式搜集的目的是发现问题线索，方法是将与本地和本部门相关的特征词、变异词、关联词作为关键词进行模糊搜索。在发现相关问题线索后，反过来再针对该线索进行回溯式搜集，回溯式搜集的目的是最大限度地扩充目标事件的信息量。

（三）在哪里搜

在 PC 端和移动端搜，分为常用平台和补充平台（见下表）。

常用搜索平台

平台类型	具　体　平　台
常用平台	微博、微信、新闻客户端（APP）、搜索平台的新闻首页、传统媒体创办的网络媒体等
补充平台	即时通信社群、重点新闻网站、短视频平台、论坛社区、境外媒体网站等

1. 经常使用的搜集平台

微博

微博作为重要的舆情集散地，既是很多舆情事件的信息源，又是事件二次传播的重要渠道，其在聚合网民意见诉求、呈现网民态度情绪方面，目前仍不可替代。可重点搜集以下平台的信息：

一是重点账号。运作主体包括：微博“大 V”（粉丝 100 万人以上）、“中 V”（粉丝 10 万～100 万人之间）和“小 V”（粉丝 1 万～10

万人之间);影响力大的市场化媒体;拥有众多粉丝的党报官媒和都市类媒体;各级政府和职能部门;影响较大的媒体从业者、律师、高校教师;境外媒体和政府机构。

二是发布敏感信息的账号。一些不知名的账号虽然粉丝少、影响弱,但如果发布的信息要素明确、敏感性强,有成为舆情引爆点的可能时,也应将其纳入搜集范围并密切关注。在搜集时应注意主帖后面的留言及网民互动,看是否有进一步的信息增补。

三是微博热搜榜。微博热搜榜主要根据短时间内的搜索量和搜索有效人数进行排序,将短时间内搜索量上升趋势非常快,且搜索量排在前列的,按一定权重以榜单形式进行排序。通过微博热搜榜,可以在短时间内知道微博上热点话题、事件的分布与变化情况。

很多舆情事件的演进路径是:网民微博爆料→"大V"转发→媒体微博跟进→其他社交媒体平台转发→商业门户报道→传统媒体介入。要尽量做到在网民微博爆料阶段,就能收集到相关信息,并及时预警。

微信,主要包括公众号、朋友圈

随着移动互联网的普及,微信舆论场快速崛起,可重点收集以下平台的信息:

一是微信公众号。与微博的碎片化信息相比,微信公众号发布的信息相对较为完整,意见表达较为清晰,对事件的解读较为透彻。搜集要侧重三个方面:文章内容,阅读量和点赞数,作者与网民在评论区的互动。由于公众号运营者拥有评论审核权,因此要注意评论是否具有代表性。

二是微信朋友圈。在朋友圈观察到的重要舆情要引起足够重视，往往是舆情已经扩散的表现，可将其作为线索，在微信公众号、微博、论坛社区以及视频平台（号）中进行倒查。

与微博的公开传播不同，微信传播具有一定的私密性。这就需要舆情工作者尽可能多地拓展信息源，不仅要多关注一些重点公众号，还要有针对性地扩大微信上的人脉圈。

新闻客户端，主要是“平台级”客户端

“平台级”客户端分为两类：一类是主打共性阅读的“腾讯”“网易”“搜狐”“凤凰”“新浪新闻”等；另一类是主打个性阅读，如基于点击引擎的“今日头条”。可重点搜集以下信息：

一是推送的即时新闻。推送功能的最大特点是“快”，可将热点的形成周期缩短至“秒”。使用该功能推送的新闻一般是重大新闻，包括突发安全事故、重大群体性事件、重大自然灾害、重大时政事件、重大财经事件等。这类新闻一般由主流媒体首发，但“平台级”客户端可以快速捕捉到相关信息并进行推送。

二是新闻后的留言跟评。尤其是互动人数、留言数量、点赞最多的跟评，从中发现事件的影响大小和网民对事件的态度倾向。

三是本地频道。大部分客户端根据用户的地理位置自动生成本地频道，集纳本地最新新闻。利用本地频道可以有效提高信息搜集的针对性和时效性。

商业门户网站，主要包括腾讯、新浪、搜狐、网易、凤凰

商业门户网站是二类资质网站，不能申请记者证，没有新闻采访权。但这类网站同样具有强大的编辑和策划能力。一般可重点收集以下平台的信息：

一是首页要闻区。要闻区网尽当日热点，虽然绝大部分都是转载传统媒体的新闻，但鉴于商业门户热衷从“万红丛中”挑出“一点绿”，通过提炼文章中爆点和敏感点，把修改标题作为提升影响力的出发点，因此往往成为敏感事件、热点事件的“引爆点”，因此要重点观察该区域的新闻标题。

二是专题区。如有重大新闻和热点事件，商业门户一般会设置专题，集纳相关稿件，滚动发布最新消息。收集时要注意整合不同商业门户专题区的内容要点。

三是评论区。评论区也是商业门户提升影响力的发力点，要注意原创评论的内容观点和态度倾向。

四是本地要闻。这部分的搜集与移动客户端的本地频道类似，此处不赘述。

除了内容本身，还应重视网站编辑通过页面语言透露的价值倾向。

搜索平台的新闻首页

从“百度新闻”和“360 快资讯”首页的标粗新闻中可以知晓当日网络热点，从新闻热搜词中可以知晓网民当日最关心的话题。

传统媒体网络版、客户端、公众号

传统媒体网络版是传统内容在网上的同步呈现。可重点搜索以下平台的信息：

一是央媒网络版（客户端、公众号）。人民日报（包括海外版）、新华社、央视新闻、光明日报等刊发的涉及本地区、本部门的重要新闻和评论文章。

二是属地传统媒体网络版(客户端、公众号)。重点关注刊发的涉及本地区、本部门的一般性社会新闻尤其是负面新闻。

三是外地传统媒体网络版(客户端、公众号)。重点关注刊发的涉及本地区、本部门的监督报道。

2. 作为补充的收集平台

及时通信社群,主要包括微信群和 QQ 群

在一些舆情事件的传播、扩散过程中,微信群、QQ 群内流传出来的信息,常成为推动舆情发展、变化的重要因素。

特别需要注意的是,一些敏感的舆情信息,隐蔽性特别强,常以公文、聊天记录、图片、音视频等形式,在各种微信群、QQ 群等圈群进行私密化传播。

此外,一些传言、谣言常伪装成群聊记录或截屏的形式出现。

重点新闻网站,主要包括中央新闻网站和地方重点新闻网站

重点新闻网站,一般侧重中心工作、重大主题、重大活动等主旋律宣传报道,是政府发布权威信息的重要平台。该类网站都有互联网新闻信息服务一类资质,属于可供网站转载新闻的新闻单位,其对舆情事件的解读较为权威,在一定程度上发挥着网络舆论"压舱石"作用。重点收集该类网站在解读舆情事件中表达的态度倾向和观点建议。

一是中央主要新闻网站。包括人民网、新华网、央视网、中国网、国际在线、中国日报网、中国青年网、中国经济网、光明网、央广网、中国新闻网、中青在线等。

二是地方重点新闻网站。这类网站由各地宣传部主管，是地方党委的党网、政府的机关网。

短视频平台

短视频平台是以短视频和图片为主体，融合视频、图片、文字等内容，以用户生产内容为主，支持用户之间通过点赞、评论进行互动，可以转发分享。随着移动互联网的普及，短视频行业成为拼抢的热点，抖音、快手、哔哩哔哩（B站）、微信视频号等各种应用日益普及，用户规模庞大，成为舆情信息的新兴场域和影响网络舆论场的重要力量。

从舆情搜集角度来看，要注意短视频平台以下特征：

一是短视频应用日益普及，诸多主流网络媒体和平台不断发力短视频应用，行业发展迅猛，用户基数急剧扩大，使用频率提高，平台日活用户庞大，成为舆情监测的重点新兴领域。

二是短视频在舆情信息传播、舆论热点生成中的重要性日益提高，短视频独特的简短、直观、快速等特点，极大地加快了舆情信息的扩散和传播。

三是短视频发布门槛较低，既迎合了当下移动互联网时代碎片化、快节奏的阅读特点，也因短视频比文字、图片更具真实感，易取得网民信任等特征，使得短视频很快成为舆情事件的“首发地”，以及因短视频易于推动舆情快速扩散、发酵，使得短视频平台成为舆情的“发酵池”。

四是一些短视频内容生产者、创作者为了追求流量，有目的地重新剪辑视频，甚至进行造假，致使短视频平台中存在着大量虚假信息，在很多舆情事件的不断反转中可以看到类似的痕迹。

此外，值得警惕的是，一些短视频从业者为了吸引“粉丝”关注，往往注册大量相似账号，或仿冒账号，通过剪辑与后期制作，用猎奇标题、惊悚语言、关注发红包等方式吸引粉丝点赞，骗取流量，一些灰色甚至非法的产业链日益成熟。

网红、主播、UP 主等直播

近年来，随着网络直播平台和网络直播服务快速发展，直播行业迅猛崛起，各类网红、主播、UP 主的粉丝动辄百万千万级，其一言一行都可能造成非常广泛的传播扩散，带来极大的社会影响。网红、主播、UP 主们的素质参差不齐，一些不良从业者为了吸引“粉丝”，不惜通过违背法律和社会公序良俗的行为，如低俗恶搞、暴力色情、违法乱纪等言行，来搏出位。

知识社区问答平台

以豆瓣网和知乎为代表的知识社区问答平台，在专业领域保持着持续影响力。

豆瓣网作为一个社区网站，提供关于图书、电影、音乐等作品的推荐、评价和价格比较，以及线下同城活动、话题讨论等，在形态上集博客、交友、小组、收藏等为一体。

知乎作为一个便捷接入的知识分享网络，通过问答社区和创作者集聚搭建原创内容平台，注重让网友分享知识、经验和见解，找到相关的解答，聚集了科技、商业、影视、时尚、文化、教育等诸多领域具有内容创造力的人群，已经成为在诸多领域具有影响力的知识分享社区和创作者聚集的原创内容平台。

从舆情搜集角度看，要注重知识社区问答平台的如下特征：

一是对突发公共事件、社会敏感事件关注和讨论的活跃度在提升。很多舆情信息尽管先在微博、微信、短视频等渠道首发和传播，但知识社区问答平台的用户在一定阶段也会介入。

二是用户对舆情事件、相关问题的介入，也呈现出明显的个性化、碎片化特征，既有主观、片面、感性，甚至是错误的信息，也有专业、全面、深入的客观分析，问答的内容和质量参差不齐。

三是知识社区问答平台在参与突发公共事件、社会敏感事件等讨论上，往往选取独特的角度，如从专业技术角度等切入对舆情事件中涉及的某些问题进行分析，因而在舆情发展、舆论生成和传播中发挥了重要作用。

四是知识社区问答平台的参与经常会拉长事件舆情发展的延宕时间。尽管很少成为舆情信息的首发地，但因相较其他网络平台，其用户专业程度较高，对相关问题的分析较为专业，相关信息常被转扩散至其他网络平台，促使事件传播路径发生一定变化。

论坛社区

随着移动网络崛起，论坛社区的使用率持续下降，但部分论坛社区可作为信息搜集的补充。

一是影响力覆盖全网的论坛社区。由凯迪社区、强国论坛等。

二是本地网民较集中的论坛社区。如上海的宽带山论坛、北京的京华论坛等。

（四）用什么搜

一般来讲，公开的免费工具和相关平台自带的搜索功能，基本可以满足日常的搜集需求。常用的搜集工具包括：微博搜索系统、搜狗、百度等（见下表）。

常用的信息搜集工具

搜集工具		网　址
微博自带搜索		http：//s.weibo.com/
搜狗微信搜索		http：//weixin.sogou.com/
百度	新闻搜索	https：//www.baidu.com/?tn=news
	百度指数	http：//index.baidu.com/
	百度识图	http：//shitu.baidu.com/

1. 微博搜集系统

微博搜集系统分为两类。

一类是微博自带的高级搜索功能，在高级搜索中设定好关键词、时间、地点、帖文类型等进行搜索。这种搜索对实时信息的收集较为全面、快速，但由于微博数据开放的有限性，这种搜索在追溯旧帖方面的效果较差。

还有一类是各单位自主研发或购买的系统，这些系统对微博数据进行二次开发，大多具备以下几种功能：

（1）设定好时间，输入相应的关键词进行检索，并依照“热度”“发布时间”“评论数量”“转发数量”等进行排序，从中发现指定时间内影响最大的微博，以此获知指定时间内微博舆论场的最热话题及其传播数量。

（2）通过定向观察，可以获知指定时间、指定地域内的热门账号排行。

（3）输入某一微博的链接地址，可以获知该微博的传播影响分布图及助推该微博传播的重点账号。

（4）通过关键词搜索，可以追溯出某一帖文的首发微博账号和首发时间。这一条与第三条结合，通过回溯搜索可以追溯出帖文的传播路径、助推传播的账号、传播影响范围。

2. 微信搜一搜

微信搜一搜是微信平台的搜索引擎，支持搜索微信公众号和微信文章，可以通过关键词搜索相关的微信公众号或微信公众号推送的文章。

3. 百度搜索

新闻搜索

在百度新闻搜索中，输入相应的关键词，设定好时间，从搜索结果可以看出一定时间范围内相关新闻报道的数量和传播篇次及转载的网站，以此推断出媒体的关注度。

（1）百度新闻搜索中的关键词设置包括“全部关键词”“任意一个关键词”“不包括某个关键词”等选项。

（2）关键词位置可以设位为：“在新闻全文中”“仅在新闻标题中”。

（3）在时间范围上，可以设置“时间不限”“最近一天”“最近一周”“最近一月”“最近一年”和自定义起止日期的搜索选项。

(4) 在搜索结果排序方面，分为“按焦点排序”“按时间排序”两种选项。

百度搜索还可以定向搜索来自某一指定网站的新闻。此外，利用百度的快照功能，可定向抓取被删稿件。

百度指数

百度指数是以百度海量网民行为数据为基础的数据平台，利用该功能可获知网民关注度和网民群体特征。常用的功能有：基于单个关键词的搜索指数、相关检索词、趋势研究、需求图谱、人群画像等。

资讯指数

(1) 搜索指数是以网民在百度的搜索量为基础数据，以某个关键词为统计对象，计算出该关键词在百度网页搜索中搜索频次的加权和。

(2) 相关检索词是网民搜索 A 时同时还搜索过的其他关键词。

(3) 上升最快相关检索词是在特定时间内搜索指数环比上升最快的检索词。

(4) 需求图谱是针对特定关键词的相关检索词进行聚类分析而得的词云分布。

(5) 人群画像是根据百度用户搜索数据，对搜索该关键词的网民属性进行聚类分析，给出人群地域分布、人群属性、兴趣分布等社会属性信息。

识图搜索

百度识图提供图像识别功能，可以通过上传、粘贴图片链接地址等方式，寻找目标图片的详细信息。使用该功能可以识破移花接木的造谣图片，辟谣时常用。

二、分析研判

分析研判是网络舆情工作的中心环节，直接影响新闻发布的针对性和有效性。做好该环节的工作应以要素观察为基础，以阶段观察为主线，以舆论观察为重点，系统整理、关联分析搜集到的碎片化信息，并从中提取出关键信息点。该环节的工作要求是分析客观、研判深刻。

（一）判别舆情基本情况，初步掌握事件概况

初步判别是舆情信息分析的第一环节。它主要由舆情工作者对发现的舆情信息进行最初鉴别、判断和选择，并决定下一步处置方案。

1. 判断是否属于舆情信息

舆情信息与一般信息具有本质区别。舆情信息主要是向决策者提供人们对于某个事件的认识、观点、建议。其关注点在于人们对该事件的看法态度。

2. 分析舆情的风险点

在纷繁复杂的舆情信息中，要挑选出具有舆情价值的信息，舆

情风险是重要的考量因素，要求舆情工作者不断提高政治鉴别力和判断力，科学判断舆情性质、准确预见舆情走势。

3. 明确舆情所涉部门

不同部门对舆情信息的具体需求不尽一致，舆情工作者在初步分析某条信息后，要尽快决定报送给哪个部门、哪级领导。

舆情初步鉴别，看似简单，实则不然。它是舆情信息分析工作的第一道闸门，在分析机制运转中发挥着基础性作用。这需要舆情工作者长期保持对舆情的日常观察、积累大量的舆情分析经验，以及对网络生态规律的科学把握。

（二）分析事件基本要素，全面把握事件脉络

观察事件的时间、地点、人物、起因、诉求、媒体传播、舆论观点等，拼接出事件的阶段全景图。尤其要注意以下问题：

（1）发生的时间。爆发的时间节点是否敏感，是否在重大活动期间或前后；持续时间多久；是旧话题的“回马枪”还是新话题。

（2）涉事主体。组织者、参与者有哪些，涉及哪些利益群体。

（3）核心焦点。事件起因是经济、政治、环保还是其他。

（4）代表性。事件指向是特例个案还是典型性问题。

（5）媒体参与情况。是否有主流媒体介入事件报道。

（6）传播情况。在各主要媒体平台的信息传播情况。

（7）账号类别。参与讨论、炒作事件的账号是否为“大V”等。

（8）舆论观点。媒体、网民等各方对于事件的分析评价、网上

的情绪等。

（三）观察舆情演进阶段，判断舆情预期走势

根据事件发展的不同时间节点，观察舆情处在哪个阶段及其阶段特征，判断下一阶段的可能走势。尤其要注意以下问题：

（1）在舆情潜伏期，在细微迹象中抓热点，关注本地区、本部门诱发舆情热点事件的潜在“引线”。

（2）在舆情浮现期，在纷繁信息中抓重点，在舆情出现苗头时及时预警。重大舆情事件在“落地”前，一般事先会在网上零星出现举牌、拉横幅等苗头信息。

（3）在舆情蔓延期，一方面要在严守法律底线的前提下，确保民意有序表达，汇总整理建设性意见；另一方面要提供建议口径，通过新闻发布的形式发布权威声音。

（4）在舆情引爆期，统筹把握网上网下两条主线，提防热点演变和舆情“落地”，防止关联舆情“搭车”效应。同时，依法依规引导网络舆情，防止话题不当延伸。

（5）在舆情趋冷期，时刻保持清醒，提防舆情反弹和次生舆情发生。

需要指出的是，以上对舆情演进路径的表述只是揭示舆情发展的一种理论可能，不表示一种现实必然。比如，有些舆情事件可以直接跳过潜伏期、浮现期和蔓延期，刚一出现即引爆舆论。

（四）跟踪舆情热度规模，客观呈现舆论反应

从媒体介入程度、网民讨论热度等层面衡量舆情规模，系统梳理网民观点、媒体评论，提炼核心要点。尤其要注意以下问题：

（1）媒体报道传播篇次、微博转发和评论条数、新闻跟评参与人次和留言条数、微信传播篇次及阅读和点赞量。

（2）围观网民是否覆盖全网，传统媒体是否介入报道。

（3）媒体和网民的关注点是什么，对事件处置有哪些建设性意见、代表性观点或不满情绪。

（4）媒体和网民对涉事主体的评价如何，态度是支持还是反对。

（5）媒体和网民对政府相关部门有哪些要求。

（6）事件在舆论场上引发的震荡达到哪种程度。

三、材料撰写

舆情材料是舆情工作者以文辅政的重要基础，也是党和政府进行新闻发布的重要依据之一。材料要信源准确（一般用首发信源）、判断科学、数据详细、文风平实。

舆情材料一般采用“倒金字塔”结构，内容按照重要程度依次展开，把事件的最新进展、最重要信息放在开头。通用结构是：引言＋事件信息＋传播情况＋舆论反应＋研判意见（见下表）。

舆情材料通用结构

结　构	要　　点	要　　求
引言	对材料内容的概括提炼	有总结、有高度、有观点
事件信息	事件的时间、地点、人物、起因、诉求、行动指向、组织化程度、阶段性进展或结果	准确、全面、凝练
传播情况	媒体报道传播篇次、微博转发和评论条数、新闻跟评参与人次和留言条数、微信传播篇次及阅读和点赞量	用数字或图表呈现
舆论反应	境内外媒体评论、网民观点	系统整理、分类引述、观点均衡
研判意见	舆情当前阶段的特点和焦点、舆情下一步的可能走势、是否应该进行新闻发布、新闻发布的渠道和方式及发布的侧重点、网上和网下应该采取的措施	有立场(党和人民的立场)、有态度(客观承认问题、理性分析问题、积极解决问题)、有格局(从"小事"中看出"大势")

上表展示的是通用结构，撰写时重点侧重哪个部分要视情况而定。比如，小微舆情侧重事件信息，一般采用消息类写法，不评述研判。如果热度不高、讨论不多，可写："截至×月×日×时，该报道网上暂无传播。""截至×月×日×时，相关微博暂无转发。""截至×月×日×时，网民讨论较少。"这些表述一般不省略，因为没有反应也是需反映的一个内容。此外，有几点需要着重说明：

(一) 关于材料体例

在体例方面，不要写成学术论文、调研报告、新闻报道、评论文章或文学作品。虽然舆情材料并不排除援引、借鉴和吸收学术论文的理论假设和实验验证，以及调研报告的数据和观点、新闻报道的事件信息、评论文章的真知灼见、文学作品的文字表达，但与这几种体例之间有明显不同。

（二）关于传播情况

撰写材料时，有时需要做一些定性判断，比如：舆情热度有所抬升/减缓，舆情规模达到峰值/高位徘徊/大幅减弱，舆论态势持续向好/急转直下，舆论风向出现拐点等。在做这些定性判断时，尽量辅以图表来佐证说明。

（三）关于舆论反应

客观呈现舆论反应，要求不能扭曲网民意见，不能歪解媒体评论，不能夸大或缩小舆情规模。即便是非理性言论或不实信息，也要如实反映。但对舆情的客观真实呈现，不等于舆情所反映出来的问题本身的客观真实。网民是否捕风捉影，媒体有无夸大其词，需要涉事部门及时调查研究，并视情况决定是否通过新闻发布进行回应。

（四）关于研判意见

研判意见的功能是帮助党政部门增加对问题的认识深度，提升材料的附加值，研判意见应具体、可行，切忌空洞、泛泛而谈。要注意几点：（1）事件不重要的，无需研判。（2）把握不准确的，不要研判。一个好的舆情现状陈述，远胜一个差的研判。（3）不要写类似“建议相关部门根据相关情况及时采取相关措施”这样说了等于没说的废话。(4) 用建议语气,不能用命令语气。

四、舆情回应

在充分掌握网络舆情的基础上,可以从以下三个方面提升舆情回应与舆论引导的能力水平:

一是要善于及时发声。新闻发布讲求"时度效"三个字,"时"是第一位。要让真相比谣言跑得更快,就要抓住"时间窗口"。谣言往往比真相跑得快,所以舆情回应必须抢第一时间。而第一时间发布也不是乱发布、错发布,一定要在掌握准确的情况下"快报事实"。同时,舆情回应也要兼顾"速度"与"态度",既要速度快,又要态度诚恳,二者缺一不可。

二是要善于设置议题。当前,议题设置权往往被一些网站、媒体、自媒体掌握,部分媒体为了追求流量通过"标题党"等行为,制造舆论场冲突,收割流量。面对这种负面舆情,一个重要的方法就是"以我为主、设置议题",设置议题的本质是获得定义权。负面舆情发生后,公众迫切需要真相,谁最先提供真相,谁就获得了"第一定义权"。如果"第一定义权"旁落,就要针对舆论关切再想办法设置议题,进行权威发布、一锤定音,争取"最终定义权"。如果回应引导效果不明显,则需要重新设置议题,全力放大声量,以正能量盖过负能量。

三是要增强预见性。很多潜藏的风险点,如果不能观察于萌芽阶段，容易错失处置补救的最佳时机，这迫切需要练就一双“火眼金睛”。要站高一点看。强化政治眼光，善于从政治上观察和分析问题，对“国之大者”了然于胸，自然能够“不畏浮云遮望眼”。要透过舆情表象，分析舆情产生的深层次原因，抓准舆情演变的基本规律；要有大局观，不能一叶障目，通过舆情发现显露的风险信号。

此外，舆情回应环节还要注意以下四点：

一是舆情回应的目的不能仅仅是为了平息舆情。舆情的出现、发酵、引爆和消退有其内在的客观规律。即便无所作为，一些重大舆情、敏感舆情和热点舆情，最终也会随着时间推移和热点转换而自然消退。但与这种消退相伴生的往往是党和政府整体公信力的受损，并且埋下了舆情再次引爆的“不定时炸弹”，在关联事件发生时可能引发舆论攻击的“回马枪”，使党和政府的公信力付出更高代价。因此新闻发布不能仅仅把平息舆情作为目的，而应在新闻发布中展现党和政府的责任担当，在促进事关公众切身利益的问题解决中提升党和政府的道义感召力，从而赢得公众的思想认同和情感认同。

二是新闻发布工作的实效性关键在线下实体工作。正反两个方面的实践证明，线下决定线上，实情决定舆情。没有实体工作支撑，新闻发布工作是无源之水、无本之木，很难起到预期效果。很多重大舆情事件之所以能够平息，根本原因在于现实层面问题的有效解决。因此各级党政和职能部门要正确看待线上线下，把线下发力作为提升新闻发布实效性的着力点，不能重表态轻跟进、重道歉轻整改。

三是尊重网络民意不等于迎合网络民粹。网络民意和网络民粹有本质区别，网络民粹打着“底层至上”的幌子，用标签化、污名化手法，散布仇官、仇富、反智言论，鼓吹超越社会发展阶段的偏激诉求，对党和政府形成一种高强度的舆论压力。各级党政和职能部门一方面要充分尊重民意，鼓励建设性批评、监督式批评，提升新闻发布的民意含量；另一方面要不断增强政治定力和鉴别力，对待网上各种诉求和言论，要以事实为依据，以法律法规为准绳，不片面迎合网民，不被民粹裹挟。

四是网络舆情不等同于全部民意。网络舆情是现实民意的风向标，但正如样本不等于总体一样，风向标也不能完全涵盖全部民意。在网络舆情的传播扩散中，热衷于进行信息搬运、情绪和诉求表达的，往往是少部分人或者少部分群体，更多是不活跃或者沉默的大多数。这些未表达意见和诉求的群体，他们的声音也要纳入整体舆论中进行考虑。在一些涉及广大公众切身利益的事情上，各级党政和职能部门在高度重视网络舆情的同时，还要注意打捞网上沉默的声音，加强现实的民意调查，从而不断提升新闻发布的针对性和有效性。

思考题八：如何进行发布会前的舆情监测与评估？

答：

随着以互联网为主的信息技术普及应用，公众信息传播和意见表达极其便捷，互联网成为各种信息、观点、诉求的汇聚地和交锋的主战场，传言、流言、谣言成为困扰互联网的顽疾，也给信息公开和新闻发布带来巨大挑战。尤其突发事件发生后，公众没有思想准备，极易引发流言和谣言，如特大公共卫生事件等，群众在心理上会产生较大程度的焦虑和恐慌。对于突发事件信息发布和舆论引导而言，重点是迅速发布信息，满足群众的知情权，消除人们对未知事物的恐慌情绪，前提是要有完善的新闻发布机制作为保障。

以抗击新冠疫情新闻发布为例，上海共举行200多场新冠疫情防控新闻发布会，成为市民群众获取疫情防控信息的权威渠道。如何将疫情防控工作的新情况、新要求、新变化、新进展，及时、准确、全面、深入地告知媒体和公众；如何精准解读政策条例，将防控举措和要求准确地告知公众；如何快速回应社会关切，切实改进和完善疫情防控工作；如何快速健康科普，快速截断各种传言、谣言的传播，减少公众恐慌等一系列要求都成为疫情防控新闻发布工作的重要任务，其中很重要的一环就是发布会前的舆情监测与评估。

一、以研判机制为保障，扁平化分析处置舆情

上海市进一步健全完善了疫情防控新闻发布制度，成立了专门的新闻宣传组，明确工作流程和职责分工，同时成立新闻发布工作专班。在此基础上，建立相关部门舆情研判会商机制、突发事件内外宣传联动处置机制，制定敏感热点问题应急预案等，为抗击新冠肺炎疫情报道和舆论引导工作打下了良好的体制机制基础。新闻宣传组定期召开疫情舆情研判会，梳理近期网上热点社情民意，研判舆论引导和应对方式。扁平化的舆情处置流程，为发布会举行提供内容支撑和方向把控，也保障了舆论引导精准、快速。

二、发布与处置紧密衔接，第一时间占领舆论制高点

重大公共卫生事件不可预测，如果处置不当，会影响社会稳定，甚至危及社会公共生活秩序和公众利益。该类事件往往发生突然、发展迅速。信息发布特别强调时效性，真实准确的信息不去占领舆论阵地，谣言就会占领。政府职能部门应在第一时间抢占信息发布的制高点，争取掌握引导舆论的主动权、事件处置的主导权。在上海抗击新冠肺炎疫情战役中，疫情防控新闻发布会以市疾控中心为发布会主场，工作专班身处疫情防控“指挥中枢”，客场作战获主场优势，大大压缩了协调沟通成本。此外，疫情发生后，上海有序、规范、迅速完成信息上报和信息反馈，保障信息发布透明高效。由于精简了信息报送和决策反馈流程，大大减少了反馈机制可能存在的

“时滞”问题。正因为快速的行动和权威信息的准确发布，让社会各界客观地了解疫情，及时了解防控措施，形成了社会抗疫合力。

三、线上线下联动，拓宽信息发布和引导渠道

及时研判舆情，主动设置议题，持续地进行新闻发布与互动交流，避免被动式、挤牙膏式回应，才能改变“造谣张张嘴，辟谣跑断腿”的被动局面。解决问题的关键，是如何准确把握公众的各种情绪、梳理公众的各类诉求，并进行针对性的信息发布和引导，这在一定程度上成为疫情新闻发布能否成功的前提。

新闻发布工作专班拓宽多个渠道，依托 12345 市民服务热线、“上海发布”平台等，集纳各种信源，综合进行研判，对接下来的发布会主题、信息、发布人选等进行商讨、完善，每天进行更新完善。不仅如此，新闻发布工作专班将发布会内容进行分类并拟定相关口径，分发给市民服务热线、“上海发布”等相关部门，以利其快速回应社会关切。正是得益于在以我为主、权威发声的同时，也极为重视舆情的会商与研判，新闻发布工作专班不断关注和直面上海市民真正关注的问题，根据需要协调各个部门和单位，精心设置发布议题，精心挑选有代表性的发布人员，不断提升发布信息与公众需求的匹配度。

第八章

重大活动新闻中心的建设运营

设置新闻中心作为对外发布官方信息的重要窗口和主要渠道，是重大活动、赛事、事件等新闻发布的通行做法。接待媒体、受理记者采访申请、召开新闻发布会、发布相关信息、回应社会关切等，是新闻中心的主要职责。通常而言，一些比较重大的突发公共事件在处置过程中，也会设置临时新闻中心，为记者采访提供服务，但因突发事件发生突然，处置过程也较短，因而临时新闻中心的设施布置大多“因陋就简”，只要具备满足新闻发布、记者采写等基本功能即可。本章侧重介绍关注度较高、持续时间较长的重大活动、重大赛事，如奥运会、进博会等新闻中心建设与运营。

一、新闻中心的设立目的与建设目标

（一）设立新闻中心的目的与目标

大型活动、重大赛事由于影响范围广、持续时间长、公众关注程度高，往往成为中外媒体关注的焦点。在媒体记者参与人数众多、信息内容繁杂多样的情况下，组建集中程度高、专业水平高、服务能力强的新闻中心就显得十分必要。重大活动、赛事的新闻中心，是重大活动、赛事举办过程中，主办方进行新闻宣传和信息发布，并为前来采访的媒体记者提供包括受理采访申请、组织新闻发布会、专题集体采访、外出参观采访等全流程媒体服务，以及通信、交通、餐饮、医疗、安全等全方位综合保障而设立的专业性机构及综合性场所。

（二）新闻中心建设运行的目标要求

及时发布信息，确保媒体充分报道。及时召开新闻发布会，向媒体记者提供各类信息，确保各媒体充分进行活动报道，有效提升活动的知名度和影响力。

满足记者需求，保障安全高效运行。满足媒体记者的合理采访报道需求，确保各类设施和技术支持的安全高效运行，为媒体记者创造良好的工作环境。

展现主办地形象，营造良好舆论氛围。通过精心的媒体服务和文化展示展演活动，展现主办地的良好形象，为活动圆满进行及主办地形象推广营造良好国际国内舆论氛围。

二、新闻中心的建设机制与运行体系

（一）强化统筹协调，深化跨部门协作机制

建立统一领导、分口负责的管理机制。新闻中心在宣传部门的统一领导下，分工明确、各司其职，确保安全高效运行。

建立跨部门协作、实时沟通的运行机制。宣传部门与不同领域的相关部门、单位进行实时沟通和跨部门协作。

建立资源整合、一口对外的服务机制。新闻中心为记者提供资料、图片、视频等新闻素材，围绕大型活动的目标任务，组织新闻发布会、策划专题采访等。

建立信息收集、定期汇总的汇报机制。新闻中心每日收集汇总中心运行情况、媒体报道情况，并定期向活动组委会/执委会等领导机构进行报告。

（二）建立运行体系，成立各专项工作小组

以中国国际进口博览会为例，进博会新闻中心明确将商务、外办、台办、公安、卫健委、疾控中心、通信管理、文旅、市场监管、绿化市容等相关部门和单位纳入成员单位，并在此基础上在新闻中心下设若干专项工作组，主要包括：

综合管理组(办公室)：制订新闻中心总体运营方案及管理制度，统筹新闻中心运营，督促各专项工作组落实各自工作任务。

媒体接待保障组：为记者提供交通、餐饮和住宿等服务。

记者注册报名组：开发运维记者注册报名系统，收集汇总记者

注册信息并做好身份核验,进行证件办理及发放。

新闻发布组: 统筹协调新闻发布厅运营工作,安排新闻发布会场次,提供发布会会务服务。组织场内集体采访,服务媒体报道。

网上新闻中心运维组: 统筹协调网上新闻中心运维,及时发布重要新闻及相关信息,提供素材及资料下载服务,提供采访预约和网上咨询服务。

咨询和采访服务组: 为注册记者提供各类咨询、资料发放、采访登记等服务,通过公告栏发布相关信息,为记者提供临时休息和办公等服务。

场馆保障和技术服务组: 负责新闻中心空调、照明、通信、网络、电力、有线电视、办公设施设备、绿化、垃圾分类等保障工作。

文化展示展演组: 负责外宣品制作、展示和管理,策划、组织小型文化演出和展示。

(三)明确时间节点,开展分阶段培训演练

组织工作人员和志愿者集中培训。培训内容主要为活动基本情况、新闻中心简介、服务功能介绍、媒体服务工作内容,以及相关要求、外事纪律、应急处置等,并对志愿者进行分组定岗。

组织实施各工作组的专项演练。各专项工作组根据各自的工作职责及具体工作,组织实施各领域专项演练,熟悉工作岗位,检验工作流程,查找存在问题,完善工作方案。

组织新闻中心整体的综合演练。围绕新闻中心运营及媒体服务工作全流程,开展综合演练,进一步完善工作方案及工作流程,进

一步加强准备情况和熟练程度。

三、新闻中心的功能布局与设施配备

新闻中心的建设应根据国际标准和国际惯例，围绕高效运行和媒体服务，进行选址设计、区域规划、功能布局。新闻中心的运行场地需要设置在靠近大型活动主办区域的场地，以中国国际进口博览会新闻中心为例，其设置在进博会举办场馆——国家会展中心（上海）的A栋办公楼1～3层，总面积约1.3万平方米，设置了咨询服务区、媒体工作区、广播电视技术服务区、采访室、新闻发布厅等多个功能区，能满足记者直播连线、采访预约、办公发稿、参加新闻发布会及就餐休息等需求。

（一）咨询服务区

新闻中心一层有综合咨询台，新闻中心工作人员和志愿者为注册媒体提供中、英文信息咨询服务，包括进博会重要活动、重要发布、交通住宿、上海及周边地区旅游等信息，提供采访预约、资料发放、失物招领等服务。

新闻中心二层有预约服务办公室，为注册媒体提供媒体专用工作间、办公设施设备、采访室租赁及广播电视技术、传输通信等预订服务。此外，还有官方图片中心，提供官方图片查询、浏览及下载服务。

（二）媒体公共工作区

新闻中心二层的媒体公共工作区内，设置多个记者工作位，配备多台上网电脑，均配有数字音频接口、网络接口和电源接口。

同时，还设置了文印区，配备传真、电话、打印机、复印机等办公设备及电子式储物单元格，LED 大屏和电视机上播放着进博会的相关信息。另外，本区域还设置有现场采访点，中外记者可在此直播连线或出镜报道。

（三）媒体专用工作区

新闻中心设有媒体专用工作间，供中外媒体租赁使用。工作间配备电源、宽带网络、公共信号和有线电视接口，提供电话、传真、打印机、电脑、办公家具等设备租赁服务。

（四）广播电视技术服务区

新闻中心二层，设置有公共信号收录室和卫星传送服务室，提供广播电视公共信号收录、卫星传送、新媒体推流等服务。

（五）采访室、静音仓

新闻中心二层有若干间采访室，供媒体租赁使用。此外，还创新设置了“静音仓”，为记者录音、剪辑提供充分安静的环境，仓内环境每人使用后均会整体消毒。静音仓在新闻中心运营期间几乎没有空档，可见其设置是切中需求的。

(六) 新闻发布厅

通常应设置大、中、小不同规格的新闻发布厅，以满足举办不同规模新闻发布会需要。

(七) 媒体餐饮休闲服务区

新闻中心内设置媒体餐厅，为记者提供午餐、晚餐。此外，还设置茶歇区，供应咖啡、茶水、点心等。

(八) 文化演出展示区

进博会新闻中心内设置有多个文化演出展示区，包含非遗客厅、朵云书房、音乐午茶等，为采访进博会的中外记者提供良好的文化氛围和艺术享受。

(九) 医务室

新闻中心通常还设有医务室，提供应急医疗服务。

四、新闻中心的基本职能与主要服务

(一) 媒体注册及设施提供

记者注册与证件发放。向中外媒体记者提供符合国际惯例的注册、登记及报关等服务；制作和发放相关证件、标识等。

提供媒体工作设施。架设符合行业标准的有线和无线网络环境；设置满足记者工作所需的工作台；配备电脑、打印机、复印机等；提供新闻演播室、后期制作室、网络直播间等。

（二）网上新闻中心及信息发布

设立网上新闻中心。在大型活动官方网站中设置网上新闻中心板块，及时发布活动官方信息和采访通知，提供文字、图片资料搜索下载和采访需求登记等服务。进博会网上新闻中心包括网页版、微信及小程序，为注册记者提供采访活动、重要公告、媒体手册、服务保障等信息，并提供相关文字、图片、视频稿件和素材下载服务。

建立信息发布系统。在新闻中心内要建立一套包含闭路电视、电子屏、公共广播、手机短信等的信息发布系统，及时为中外记者提供最新的新闻信息和服务信息。

打造咨询服务平台。打造“一站式”咨询服务平台，将现场解答与热线电话相结合，快速引导记者获得更有针对性的服务。

（三）新闻发布及采访服务

统筹协调新闻发布厅运营。新闻发布是新闻中心的重要工作内容，由新闻发布组统筹协调新闻发布厅运营工作，安排新闻发布会场次，并提供会务服务。新闻中心及时发布新闻发布会日程安排，向记者提供发布会信息及新闻素材。

受理、组织和安排采访。新闻中心作为记者与被采访者之间的中间人角色，应尽最大努力协助记者完成采访计划。一是受理个别采访申请，主要包括制定受理标准、公布受理流程、确认采访要求、联络受访对象、做好预判评估、组织安排采访等环节；二是组织媒体集体采访，主要包括设置采访选题、设计采访线、公布活动方案、受理媒体报名、组织集体采访等环节。

（四）媒体接待及后勤保障

为媒体记者提供交通、餐饮、住宿、电信、租赁、安保、医疗、银行、游览等后勤保障。在国际性活动中，还要有翻译服务，以及提供宗教礼拜场所信息等。

（五）宣传品制作及文化展演

活动宣传品的设计制作与展示管理。设计制作并在新闻中心内摆放活动宣传品，主要包括：媒体手册、活动宣传册、形象宣传片、信息展示板等。内容涵盖媒体证件、会外采访、预订及租赁、直播报道点、文化展示展演、餐饮及茶歇、交通酒店等信息。

文化展示展演的策划、组织与实施。在策划上，要结合大型活动的主题和特点，设计和组织文化活动项目，增进媒体记者与主办方相互了解与深入交流；在设置上，要注重规模小型化、数量少量化、内容精品化，如优秀剧目演出、特色文化展览、非遗文化展示、文化专题讲座、参与共同创作等；在时段上，要根据新闻中心每日主要活动的时间节点进行安排，与新闻发布会、集体采访等重要时段交错举行；在服务上，为中外媒体记者提供专业讲解和翻译服务，并发放相关宣传册。

（六）全面发挥新闻发布功能

新闻发布工作贯穿活动全过程。设置新闻中心，持续开展新闻发布，已经成为很多关注度较高、持续时间较长的大型活动、赛事的标准配置。一般而言，新闻中心会先行启用，并于活动和赛事的全部议程结束后停止运行，新闻中心的运营以及新闻发布活动贯穿活动和赛事的全过程。

综合运用多种新闻发布形式。举行新闻发布会、组织记者现场采访、发布新闻声明、回应记者问询、实施官方新媒体发布等，都是新闻中心常用，且组合使用的发布形式。其中，要特别重视新闻发布会的策划组织和实施，在正式议程开始之前、进程中、结束之后等重要节点，都可适时择机召开新闻发布会发布信息。

场内场外、线下线上相结合。需要特别指出的是，尽管新闻中心的场地一般设置在临近大型活动、赛事主办区域的附近，很多甚至就在大型展馆、赛场等综合体之中，但新闻中心发挥作用的空间场域，新闻发布活动实施的地理范围，可不受大型活动、赛事的限制，可融合场内场外、线下线上等多种新闻发布形式，最大化新闻发布的功能和价值。

案例 11：第六届中国国际进口博览会新闻中心建设运营

第六届中国国际进口博览会（以下简称进博会）于 2023 年 11 月 5 日—10 日在沪成功举办。本届进博会吸引了来自 89 个国家和地区的 476 家媒体机构 3220 名中外记者报名参会，涵盖了境内外主要媒体机构。

在上海市委宣传部统筹领导下，上海市政府新闻办、进口博览局、国家会展中心（上海）、上海广播电视台组成新闻中心运营团队，按照进博会“越办越好”总要求，着力将新闻中心打造成为“记者之家”，竭诚为参会记者提供周到、便捷的媒体服务。新闻中心下设综合管理组（办公室）、记者注册报名组、网上新闻中心运维组、咨询和采访服务组、新闻发布组、媒体接待保障组、场馆保障和技术服务组、文化展示展演组等专项工作组。

2023 年 11 月 4 日，第六届进博会新闻中心正式开放运营。作为每年进博会的重要配套服务保障项目，进博会新闻中心位于国家会展中心（上海）A 栋办公楼的 1～3 层，总面积约 13000 平方米，设置了咨询服务区、媒体公共工作区（225 个工位）、媒体专用工作区（人民日报、新华社、中央广播电视总台、凤凰卫视等 20 余家境内外媒体设立了自己的工作间)、广播电视技术服务区、采访室(云采访室)、新闻发布厅(大、中、小共3个)、文化展示展演区(音乐午茶、海上书房、非遗客厅)、茶歇餐饮区等多个功能区。进博会期间为中外记者提供信息咨询、办公服务、会内会外采访、新闻发布、广播电视技术支持、餐饮茶歇、文化休闲、应急医疗、交通保障、住宿预订等全方位服务保障。

在进博会新闻中心,中外记者能够获取进博会的权威信息,观看进博会开幕式和虹桥国际经济论坛等重要活动场次的视频直播,参加新闻中心举行的新闻发布会和会内会外采访活动,在工作之余还能参加文艺活动,领略上海城市风貌,体验海派文化。来自同济大学、上海外国语大学、东华大学、上海理工大学等9所高校的390名志愿者在新闻中心为媒体记者提供服务。

进博会新闻中心的高效运营和优质媒体服务保障,为国家重大主场外交活动营造了良好的新闻舆论氛围。

一、采访内容形式丰富全面

进博会期间,新闻中心举办了成果类、产品类和签约类16场新闻发布会,对参展内容、特色展区、签约活动、成果展示、交易情况等进行发布,并在闭幕当天举行新闻通气会,通报进博会成果成效,近500家次媒体超1000人次记者参加发布(通气)会报道工作。此外,新闻中心以“进博六年　共话发展”为主题,策划若干馆内采访线,搭建参展代表企业与中外记者交流对话平台;推出“与总裁面对面”进博专访活动,邀请参展跨国企业负责人讲述他们与进博会的故事，近20家跨国企业高管参加受访；策划城市更新与智能制造、乡村振兴和历史传承等8大主题的会外采访路线，多角度呈现上海城市气质、生机活力和发展韧性。

二、信息技术服务高效便捷

在前五届努力打造新闻中心“记者之家”的基础上，第六届进博会积极营造“记者俱乐部”氛围，首次运用裸眼3D技术展示参会媒体LOGO，动态呈现中外媒体对进博会的广泛关注。此外，新闻中心立足于媒体记者报道需求，运用多种新技术不断提升整体服务水平，首次采用3D虚拟空间AR技术打造“虚拟演播室”，提供5个进博元素演播场景，还可以个性化定制，创作“短平快”进博新闻产品。优化了新闻中心服务微信小程序，通过扫描“媒体记者证件”上的二维码一站式获取中英双语新闻中心实时信息、进博会重点展商、虹桥论坛等展会咨询服务。首次开设城市形象短视频栏目，集纳全市16区最新形象片及重大节庆活动短视频，以视觉矩阵展现上海城市精彩。网上新闻中心滚动更新各类中英文稿件和素材近2000余条（包括文字、图片、视频），访问量超4万人次。

三、上海城市形象展示立体多元

新闻中心依托国内首个数字城市形象资源平台IP SHANGHAI，在新闻中心一楼大堂，打造“上海视觉橱窗”。以“SHANGHAI, LET'S MEET”为主题，运用AIGC技术绘就9米AI动画长卷，以极具科技感、未来感的呈现方式，叠加水彩风、油画风渲染，科技和艺术交织共生，多角度展示航拍上海、城市地标等日常生活场景。精选200张上海城市画册图片，打造城市IP智能交互打卡区，展现上海城市高光时刻，生成进博会专属“上海明信片”。在新闻中心二楼玻璃围栏推出IP SHANGHAI城市主题插画展，来自17位中外插画家43余幅作品记录“申城剪影”“海派生活”“烟火街头”，展现上海城市历史文脉和鲜活生命力。

四、文化展演展示可知可感

非遗客厅以“非遗新体验、海派会客厅”为主题，展示反映上海传统工艺高质量发展的精品和文创产品58件(套)，邀请14个非遗项目的40位非遗传承人，开展中医养生、手工艺体验等互动，展示中华传统文化和江南文化、海派文化的当代传承。“音乐午茶”以“用音乐联结，以音乐赋能”为主题，打造“奇乐之旅”等7场主题音乐会，用新时代中国新音乐作品，全方位展示上海文化软实力。“海上书房”推出900种、1000册优秀图书，涵盖英语、法语、俄语、西班牙语等9个语种，以满足媒体记者多样化阅读需求。此外，特别打造“City Walk漫步城市阅读”主题休闲空间，策划2场“悦读分享会”，为广大中外记者带来别开生面的沉浸式阅读体验，展现好“书香上海”的独特魅力。

图书在版编目(CIP)数据

新闻发布实务手册/上海市人民政府新闻办公室编
.—上海：上海人民出版社，2023
ISBN 978-7-208-18139-7

Ⅰ.①新… Ⅱ.①上… Ⅲ.①新闻工作—中国—手册
Ⅳ.①G219.2-62

中国国家版本馆 CIP 数据核字(2023)第 022971 号

责任编辑 王 吟
封面设计 白 浪

新闻发布实务手册
上海市人民政府新闻办公室 编

出　　版 上海人民出版社
(201101 上海市闵行区号景路 159 弄 C 座)
发　　行 上海人民出版社发行中心
印　　刷 上海景条印刷有限公司
开　　本 720×1000 1/16
印　　张 13
插　　页 4
字　　数 131,000
版　　次 2024 年 6 月第 1 版
印　　次 2024 年 6 月第 1 次印刷
ISBN 978-7-208-18139-7/G・2143
定　　价 62.00 元